◆ 글 **이정모**

펭귄각종과학관장이에요. 국립과천과학관, 서대문자연사박물관, 서울시립과학관의 관장으로 재직하면서 과학으로 공감과 소통하는 데 앞장서 왔어요. 2019년 교양과학서를 쓰고 옮기고, 자연사박물관과 과학관의 새로운 모델을 구현해 과학의 대중화에 기여한 공로로 과학기술훈장 진보장을 받았답니다.
여러분, 《넥스트 레벨》 시리즈를 통해 과학을 문화로 즐기고, 새로운 질문도 갖게 되기를 바라요.
지은 책으로 《과학관으로 온 엉뚱한 질문들》, 《저도 과학은 어렵습니다만》, 《공생 멸종 진화》, 《바이블 사이언스》, 《달력과 권력》, 《그리스 로마 신화 사이언스》, 《모기가 할 말 있대!》가 있고, 함께 쓴 책으로는 《선생님, 진화론이 뭐예요?》, 《십대, 미래를 과학하라!》, 《과학하고 앉아있네 1》, 《해리포터 사이언스》 등이 있어요. 이밖에도 《곰팡이 수지》, 《고래가 그물에 걸렸어요》, 《대왕고래》 등 옮긴 책과 감수한 책이 많답니다.

◆ 글 **최향숙**

역사와 문화, 철학 등 인문 분야에 관한 책 읽기와 재미있는 상상하기를 즐겨하다, 어린이 책을 기획하고 쓰기 시작했습니다. 아들을 키우면서 수학과 과학에 관심을 두기 시작했고, 아들이 영재학교에 진학하면서 덩달아 첨단 과학과 미래 사회에 흥미를 갖게 되었습니다. 그리고 10년 뒤, 50년 뒤, 300년 뒤의 사람과 사회를 공부하고 생각하다, 《넥스트 레벨》 시리즈를 기획하고 집필하게 되었습니다.
지금까지 기획하고 쓴 책으로는 《수수께끼보다 재미있는 100대 호기심》, 《우글와글 미생물을 찾아봐》, 《아침부터 저녁까지 과학은 바빠》, 《엉뚱하지만 과학입니다》 시리즈 등이 있습니다.

◆ 그림 **젠틀멜로우**

우리 주변에서 흔히 볼 수 있는 자연과 사물에 감정을 담아서 생각을 그림으로 표현하는 작업을 해 오고 있습니다. 동화책뿐 아니라 전시, 패키지, 책 표지, 포스터, 삽화 등 다양한 분야에서 활동합니다.
지금까지 그린 책으로는 《Ah! Art Once》, 《Ah! Physics Electrons GO GO GO!》, 《열세 살 말 공부》, 《엉뚱하지만 과학입니다 7 나만 몰랐던 코딱지의 정체》, 《색 모으는 비비》, 국립제주박물관 어린이박물관 도록 《안녕, 제주!》 등이 있습니다.

넥스트 레벨
우주 탐사

이정모·최항숙 글 | 젠틀멜로우 그림

이 책의 제목인 '넥스트 레벨'이 뭐냐고? '비교 불가능한, 이전보다 더 나은, 보다 발전한……' 이런 뜻이야! 한마디로 한수 위라는 거지! 이 책의 주인공인 '나'와 함께 3개의 Level을 Clear하고, 우주 탐사 분야의 넥스트 레벨이 되어 보자!

Level 3

우주 탐사를 통해 알게 된 우주의 비밀은 무엇인지!

탐사

우주망원경과 탐사선들에 대해 알아보고, 우리가 우주에 대해 알게 된 사실들이 무엇인지 그리고 우주 탐사를 통해 깨달아야 하는 것이 무엇인지 생각해 보게 될 거야.

Next Level

우리는 왜 우주를 탐사하고 우주로 나아가야 하는지 알아보고 넥스트 레벨로 Go!

엄청난 비용이 드는 우주 탐사, 때로는 소중한 목숨을 잃기도 하는 우주 탐사를 해야만 하는 이유를 알아보고, 우주 탐사의 가치를 재점검해 볼 거야.

가치

차례

이 책을 보는 법 ·· 4

프롤로그 우주 진출은 이제 우리 일 ··· 8

Level 1 스푸트니크와 아폴로 11호
깃발과 발자국의 시기

다큐툰 우주 시대 서막을 열다 ·· 12

Check it up 1. 상식
왜 인공위성부터 쏘아 올렸을까? ··· 22

Check it up 2. 기술
로켓은 어떻게 인공위성을 우주로 실어 나를까? ························ 31

Check it up 3. 인물
우리가 꼭 기억해야 할 영웅들 ·· 35

Level 2 우주정거장과 우주 기지
국제 공조 그리고 새로운 경쟁

다큐툰 같이 합시다! ·· 46

Check it up 1. 상식
우주정거장에서는 무엇을 할까? ·· 57

Check it up 2. 계획
우주정거장을 지나 어디로 갈까? ··· 64

Check it up 3. 기업
우주로 눈을 돌리는 기업들 ·· 70

Level 3 허블과 제임스 웹
심우주로 떠난 우주 항해자들

다큐툰 두 사람의 공통점 ··· 80

Check it up 1. 과학
허블과 제임스 웹이 알려 준 우주 ··· 90

Check it up 2. 시사
보이저호는 어디쯤 가고 있을까? ··· 97

Check it up 3. 인물
골든 레코드와 칼 세이건 ··· 103

Next Level 우주 탐사, 왜 해야 하나?
우주와 인류

다큐툰 우주 탐사에 얼마나 쓸까? ··· 110

Check it up 1. 생존
인류는 지구에서 계속 살아갈 수 있을까? ··· 117

Check it up 2. 과학
과학 발전을 이끈 우주 탐사 ··· 128

Check it up 3. 철학
아주 오래된 질문들 ··· 137

Another Round 우리는 Next Level! ··· 141

프롤로그 우주 진출은 이제 우리 일

1969년에 인류가 달에 도착했지만, 그것은 아무나 하는 일이
아니라고 생각했습니다. 민간인이 우주로 간다면 기껏해야
수십 킬로미터 상공에서 자유낙하하는 비행기 안에서 무중력
상태를 체험하거나 지구 밖에서 멋진 지구를 바라보는 정도였죠.
하지만 이젠 우주여행이 꿈이 아닌 세상이 되었습니다.

우리가 우주로 나아가려는 이유가 단지 관광 때문은 아닙니다.
인류가 지속 가능하기 위해서 새로운 자원의 보고와 생활 터전을
찾는 거죠. 결코 쉬운 일이 아닙니다. 왜냐하면 지구 생명체는
지구에 딱 달라붙어서 살도록 진화했거든요.
우리가 우주로 진출하는 것은 바다를 건너거나
하늘을 나는 것보다 우리 자신에서 훨씬 벗어난 것입니다.
온 인류의 지혜와 자원을 동원하고 협력해야만 가능한 일이죠.

한때 우주 진출은 미국과 소련처럼 과학이 일찍이 발전한
초강대국만 하는 일이었습니다.

하지만 이젠 유럽, 중국, 일본, 인도, 한국 같은 나라들도
우주에 진출하고 있죠.
우주 진출은 이제 선택이 아니라 필수인 세상이 되었습니다.
나와 상관없는 일이 아니라 나의 일이 된 것이죠.

변화는 도둑처럼 찾아옵니다. 그러니 항상 준비해야 합니다.
준비란 역사를 아는 것입니다.
이 책은 인류의 우주 진출이 언제, 누가, 왜,
어떤 과정을 통해서 이루어졌는지
그리고 지금은 어떻게 진행되고 있는지 깊게 살펴봅니다.
이 책의 독자들은 요즘 발생하는 무수한 발사 실패,
달 착륙 실패가 얼마나 귀한 경험인지 깨달을 수 있을 겁니다.
지금 이 책을 읽는 여러분이 언젠가는 우주선을 만들고,
우주선을 타고 자원을 발굴하고,
우주에 인류의 터전을 만들게 되기를 꿈꿉니다.

인류가 하늘을 올려다보며 우주를 상상했던 건
역사가 시작되기 한참 전부터였을 거야.
수만 년, 수십만 년 전부터 인류는 우주를 상상했지.
그러나 인간은 우주를 상상하는 데 그치지 않았어.
우주로 나아가려고 했어.
한 손에는 '과학', 다른 한 손에는 '기술'이라는 무기를 들고서,
우주 탐사를 시작한 거야.
1950년대 그것을 가능하게 했던 기술에 대해 알아보자.
그리고 우주로 한 걸음씩 나아가는 과정에서
우리가 꼭 기억하고 생각해 보아야 할 것들을 찾아보자.

Level 1

스푸트니크와 아폴로 11호
깃발과 발자국의 시기

우주 시대 서막을 열다

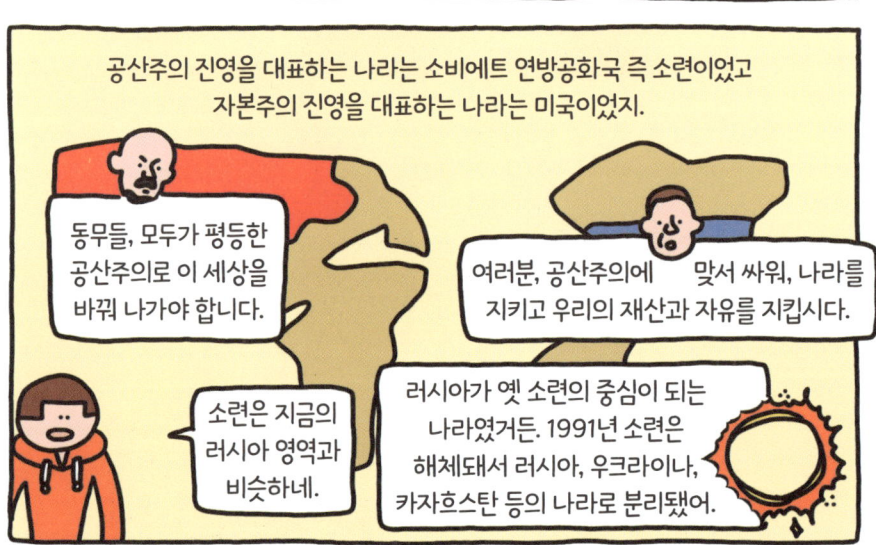

미국은 분발했어. 이듬해인 1958년 2월, 미국의 첫 인공위성인 익스플로러 1호를 발사하고 미항공우주국 즉, NASA(National Aeronautics and Space Administration)를 설립했지. 미국과 소련 간의 우주 경쟁이 본격적으로 시작된 거야.

`Check it up 1` 상식

왜 인공위성부터
쏘아 올렸을까?

앞에서 보았다시피, 우주 탐사는 제2차 세계 대전이 끝난 뒤,
미국과 소련의 군사 경쟁에서 비롯된 측면이 많아.
그래서 우주 탐사 기술은 군사적 우위를 점할 수 있는 분야부터
개발되었어. 우주 탐사와 관련되어 가장 먼저 개발된 분야가
로켓 기술인 것만 봐도 알 수 있잖아?
로켓에는 인공위성이나 우주선을 얹어 쏘아 올릴 수도 있지만,
폭탄을 올려 쏠 수도 있어. 로켓 자체에 폭탄을 장착할 수도 있지.
이런 로켓을 미사일이라고 해.
이때 만약 로켓에 폭탄을 장착해 상대국에 쏘거나 미사일을 쏘면
어떻게 됐을까? 바로 제3차 세계 대전이 일어났을 거야.

하지만 미국도 소련도 상대를 향해 로켓을 날리지 않았어. 대신 우주를 향해 로켓을 발사했지. 이를 통해 자신들의 로켓 기술이 얼마나 우월한지 보여줘서, 상대가 함부로 도발하지 못하도록 하려고 했던 거야.

그런데 왜 로켓에 인공위성을 얹은 걸까?

그 이유는 역시,

당시 미국과 소련의 적대적인 경쟁 관계에서 비롯되었어.

인공위성이 뭐야?

달처럼 지구 주위를 도는, 인간이 쏘아 올린 인공 달이야.

그런데 인공위성은 달보다 훨씬 가까이서 지구를 돌아.

그 덕분에 인공위성에서 지구를 내려다보면
지구가 훤히 내려다보이지.
한 마디로 ==인공위성을 띄우는 건 적을 감시할 수 있는 높은 감시탑을 설치하는 것==과 다를 바가 없었어.
이 때문에 인공위성을 먼저 개발한 거야.

기술적인 면으로 생각해 봐도
인공위성 개발이 먼저일 수밖에 없어.
생각해 봐. 먼 우주까지 위성이나 우주선을 띄우려면
로켓 성능이 그만큼 더 좋아야 해.
먼 곳까지 가려면 로켓의 추진력이 더 필요할 테니까.
추진력을 더 내려면 연료도 더 많이 들어가고 그 때문에 로켓이
무거워지면 로켓의 성능은 더 좋아야 하고…….
로켓뿐이야? 로켓에 얹은 인공위성이든 우주선이든
우주라는 척박한 환경에 견딜 수 있도록 만들어야 해.
또 우주로 올라갔을 때 지구와 원활한 통신도 할 수 있어야 하지.
그래야 제어가 가능할 테니까.
그러니 달이나 더 먼 우주를 향해 나아가는 비행체보다
지구 주위를 도는 우주 비행체를 쏘아 올릴 수밖에 없었지.

과학자들은 인공위성을 먼저 쏘아 올려서

로켓의 성능을 확인하고

인공위성을 지구 궤도 위에 안착시키고 운행하면서

지구에서 우주 비행체를 제어할 수 있는 기술을 점검한 거야.

또 지구와 인공위성의 통신을 통해 통신 기술도 발전시킨 거지.

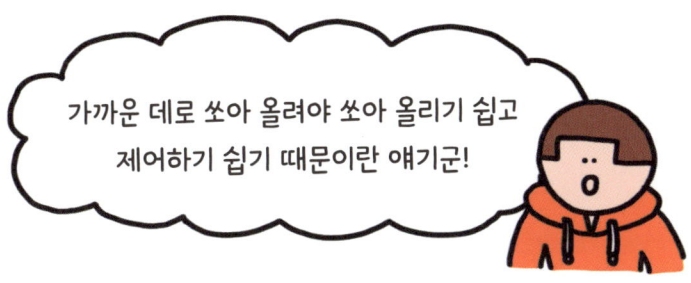

가까운 데로 쏘아 올려야 쏘아 올리기 쉽고 제어하기 쉽기 때문이란 얘기군!

위험성이라는 측면에서도 인공위성 개발이 먼저일 수밖에 없었어.

우주 탐사를 처음 계획하는 상황에서,

과학자들은 사고가 나더라도

피해를 최소한으로 할 수 있는 것부터 시작할 수밖에 없었지.

따라서 작은 우주 비행체를 만들어야 했어.

그래야 문제가 생겨도 경제적 손실을 최소화할 수 있잖아.

또 사람을 태운 비행체보다는 사람을 태우지 않는 비행체를

계획해야 했어. 사람의 목숨보다 더 소중한 건 없으니까.

이렇게 쏘아 올리기 시작한 인공위성은 나날이 발전했어.
1957년 10월, 세계 최초의 인공위성 스푸트니크 1호의 임무는
"삐~삐~삐~삐~"하는 신호음을 지구에 보내는 것이었어.
스푸트니크 1호는 이 임무를 훌륭하게 완성했지.
한 달 뒤 발사된 스푸트니크 2호에는 라이카라는 개가 탑승했어.
안타깝게도 라이카는 우주에 올라간 지 몇 시간 만에
열과 스트레스로 죽고 말았어.

스푸트니크 2호에 탑승한 라이카

하지만 1960년 8월에 발사된 스푸트니크 5호에 탑승했던 벨카와
스트렐카라고 하는 두 마리의 개는 무사히 지구로 귀환했어.
생명체가 우주에 다녀올 수 있다는 게 확인됐으니
이제 사람을 태울 준비도 할 수 있게 되었겠지?
1961년 4월 12일,
소련의 전투기 비행사였던 유리 가가린이
보스토크 1호를 타고 인류 최초로 지구 궤도를 돌았어!

보스토크 1호와 최초의 우주인 유리 가가린

스푸트니크 시리즈의 위성 탐사는 계속됐어.
한편 미국은 익스플로러 위성 탐사 계획을 실행했지.

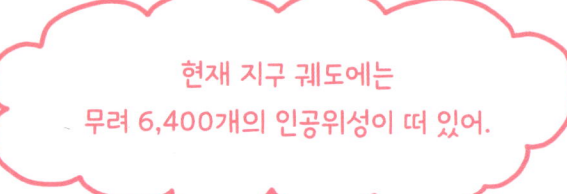

현재 지구 궤도에는 무려 6,400개의 인공위성이 떠 있어.

인공위성의 종류

군사 위성	정찰 위성	다른 나라의 군사 이동과 배치를 감시하기 위해 고성능 카메라가 필요, 덕분에 카메라와 데이터 전송 기술 발달
	통신 위성	군용 통신에 이용 정지 위성(지구 상공을 돌지 않고 한곳에 정지/ 반대편으로 가 버리면 쓸 수 없음.) 요즘은 민간 위성과 함께 쓰임.
	항법 위성	지구 위 사람이나 물체의 위치 확보 내비게이션 시스템은 GPS 항법 위성을 이용
	전투 위성	1967년, 전투 위성은 만들지 않기로 조약
민간 위성	관측 위성	지구 표면의 사진 제공/ 농작물, 산불, 환경 오염 감시 우리나라 아리랑 위성도 관측 위성임.
	기상 위성	대기 현상 및 날씨와 기후 측정 우리나라의 천리안 위성이 기상 위성임.
	통신 위성	전 세계 통신, 방송에 쓰임. 우리나라의 무궁화 위성이 통신 위성이며, 천리안 위성도 통신 위성 역할 수행
	과학 위성	우주정거장과 우주망원경이 과학 위성임. 나로호에 실었던 나로과학위성 역시 과학 위성임.

미국과 소련 외에, 세계 각국도 우주 탐사와 인공위성 기술에
큰 투자와 관심을 기울였어.
그 결과
유럽에서는 유럽 우주국ESA이 아리안 로켓을 통해
다양한 인공위성을 성공적으로 발사했어.
특히 '갈릴레오'는 유럽 자체의 위성 항법 시스템으로
GPS와 비슷한 역할을 해.
중국은 '창정 로켓'을 사용해 인공위성을 발사하며
우주 탐사 분야를 크게 발전시키고 있어.
베이더우라는 자체 항법 위성 시스템을 개발해
GPS와 비슷한 기능도 수행하고 있지.
또한 달 탐사 임무인 '창에' 프로젝트를 통해
달의 뒷면에 착륙하는 데 성공하면서
우주 탐사의 새로운 장을 열었어.
인도는 자체 로켓을 통해 다양한 위성을 성공적으로 발사해 왔어.
특히 '망가랴얀'은 화성을 탐사하는 데 큰 성과를 거두면서
인도의 우주 기술을 세계에 알렸어.
일본 역시 독자적인 로켓을 사용해서 우주와 지구의
다양한 섹터를 탐사하는 인공위성들을 발사하고 있어.

우리나라도 여러 인공위성을 발사하며

우주 연구 분야에서 발전을 이루고 있어.

기상 정보에서부터 통신까지 다양한 분야에서 활용되고 있지.

이렇게 세계 각국은 인공위성 기술을 발전시키며

우주의 무한한 가능성을 탐구하고 있어.

인공위성들은 우리의 일상생활을 더 풍요롭게 만들어 줄 뿐 아니라

우주의 깊은 비밀을 조금씩 풀어나가는 등

과학과 기술의 발전에도 큰 도움을 주고 있지.

그런데 이 인공위성들을 어떻게 우주로 날려 보냈을까?

인공위성을 우주로 날린 로켓 기술에 대해 알아보자.

Check it up 2 기술

로켓은 어떻게 인공위성을 우주로 실어 나를까?

인공위성이든 우주선이든, 우주로 날아가는 비행체는 모두 로켓에 장착해서 쏘아 올려져.
그런데 로켓은 어떻게 우주로 날아오를까?

로켓의 원리, 작용·반작용
빵빵하게 분 풍선의 주둥이를 잡고 있다 놓으면 풍선 주둥이로 공기가 나오면서(작용), 풍선은 반대쪽으로 날아가(반작용). 로켓이 날아가는 원리도 이와 같아.

그런데 로켓이 하늘로 날아가는 반작용을 일으키려면
먼저 불과 연기를 아래로 내뿜는 작용이 있어야겠지?
이 작용을 위해 필요한 게 '로켓 연료'야.
엔진에서 로켓 연료를 태우면,
로켓 아래 분사구에서 불과 연기가 나와서
그 반작용으로 로켓을 위로 밀어 올리는 거지.

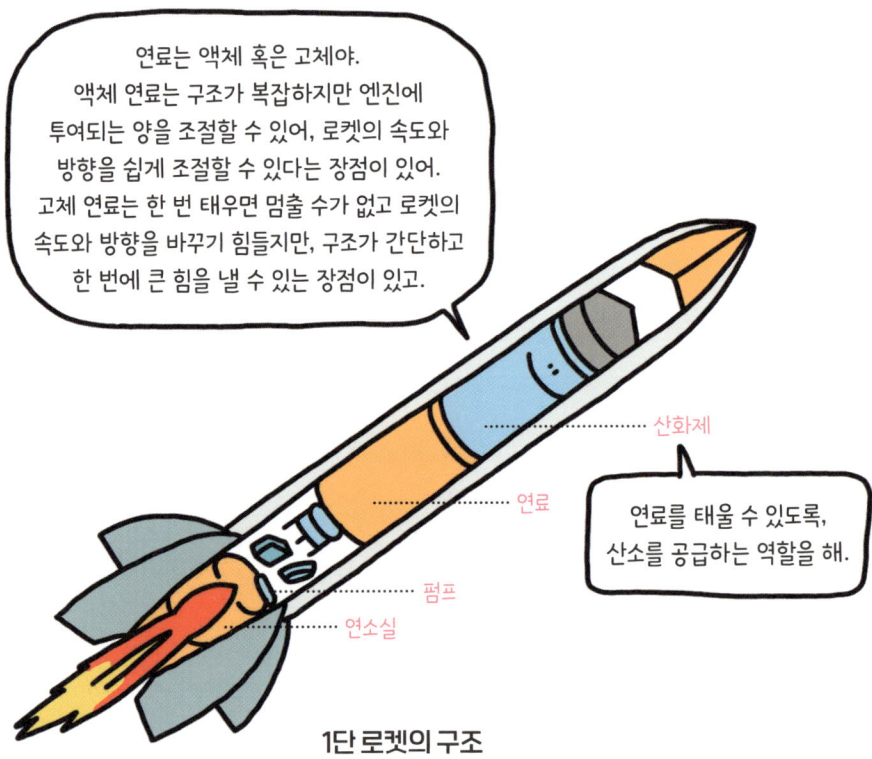

1단 로켓의 구조

과학자들은 이런 로켓을 2단 혹은 3단으로 만들어.
로켓에서 연료와 산화제가 차지하는 비중은
전체 무게의 90% 가까이 돼.
연료와 산화제가 다 연소하면 통만 남는데,
빈 통을 짊어지고 우주까지 날아갈 필요는 없잖아?
그래서 2~3단으로 나누어 중간에 불필요한 무게를 줄이고
우주로 날아가는 거야.
과학자들은 각 단계에 맞도록 로켓을 설계하지.

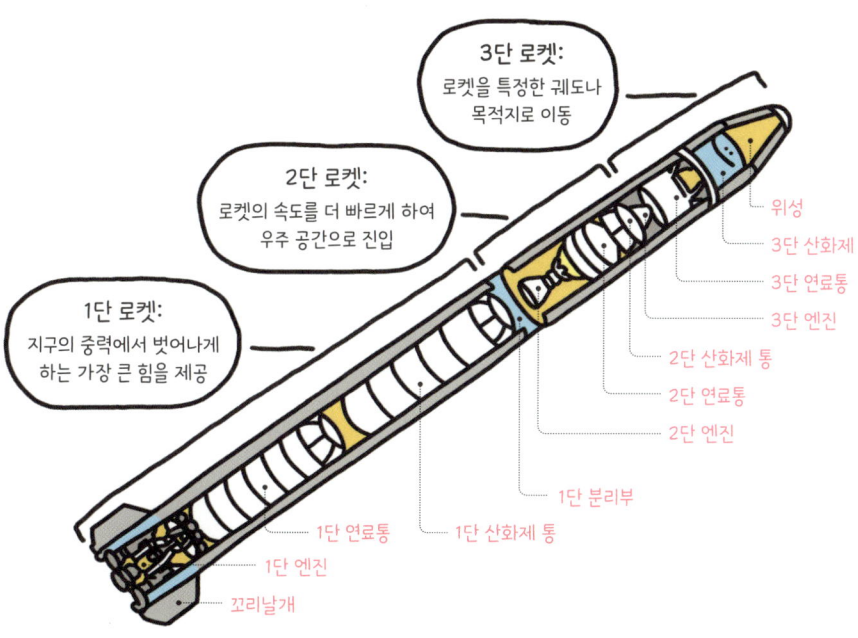

3단 로켓의 구조

로켓 개발은 과학 기술이 집약된 최첨단 분야야.

그래서 독자적인 기술력으로 로켓을 발사할 수 있는 나라는

몇 나라 되지 않지.

현재 다른 나라의 도움 없이 독자적으로 발사체를 개발해서

로켓을 발사할 수 있는 나라는

러시아, 미국, 프랑스, 중국, 일본, 인도, 이스라엘, 이란,

북한과 한국, 이렇게 10개 나라에 불과해.

그런데 이 가운데 실제로 쓸모가 있는

1톤 이상의 탑재체를 쏘아 올릴 수 있는 나라는 7개 나라뿐이야.

북한과 이스라엘 그리고 이란의 로켓은

300킬로그램 이하의 탑재체만 탑재할 수 있거든.

우리나라 누리호에는 1.5톤까지 실을 수 있어.

우리나라가 얼마나 대단한지 알겠지?

그런데 이렇게 로켓 기술이 발전해서

오늘날처럼 우주 탐사가 이루어지기까지,

수많은 사람의 노력과 희생이 있었어.

잠깐, 그분들에 대해 알아보는 시간을 갖자.

Check it up 3   인물

우리가 꼭 기억해야 할 영웅들

1969년 7월 20일, 아폴로 11호가 달에 착륙했을 때 닐 암스트롱은 이렇게 멋진 말을 남겼어.

> "이것은 한 인간에게는 작은 한 걸음이지만 인류에게는 위대한 도약입니다."

이 말은 아직도 많은 사람에게 큰 울림을 주지. 하지만 닐 암스트롱이 이 말을 할 수 있기까지는 수많은 영웅이 있었어.

당장 아폴로 11호의 달 착륙선인 이글호를 조정했던 버즈 올드린, 사령선 컬럼비아호를 조정했던 마이클 콜린스를 떠올릴 수 있어. 그리고 그에 앞서 아폴로 11호가 달에 착륙하기까지 연구하고 참여했던 과학자들과 우주인들도 잊어선 안 돼.

스푸트니크 쇼크로 미국은 소련보다 먼저 인간을 우주로 보내려는 계획을 세웠어. 우리가 알고 있는 건 아폴로 11호로 유명한 아폴로 계획이지만 그 이전에 머큐리 계획과 제미니 계획이 있었던 거야.

제미니 계획을 수행 중인 우주인들
제미니 계획은 우주 공간에서 우주인들의 적응력을 높이기 위한 프로젝트였어.
머큐리 계획은 인간 우주 비행 계획이었고.

이 계획을 통해 우주인들을 선발하고 훈련시키고
로켓과 우주선을 개발했어.
그리고 우주에서 벌어질 수 있는 여러 상황에 대비했지.

대표적인 게, 이글호와 컬럼비아호의 도킹이야.
닐 암스트롱이 달에 착륙한 건 이글호를 타고서였어.
이글호는 다시 날아올라 사령선인 컬럼비아호와 도킹했지.
이 과정에서 한 치의 오차만 생겨도 우주선은 폭발하고 말아.
하지만 머큐리 계획과 제미니 계획을 통해
연구하고 연습하고 또 보완을 거듭해서 성공할 수 있었던 거야.
그런데 그 과정에서 목숨을 잃은 사람들도 있었어.
달에 착륙한 건, 아폴로 11호지?
그렇다면 아폴로 1~10호는 무슨 일을 했을까?
왜 아폴로 1호 우주인들의 이름을 우리가 기억하지 못할까?

제미니 계획 이후, 우주인들이 타고 갈 사령선이 완성되었어.
이제 사령선의 성능을 확인하고 조정하는 훈련을 해야 했지.
1967년 1월 27일, 세 우주인 **거스 그리섬**, **에드워드 화이트**, **로저 채피**가
AS-204 우주선 캡슐에 들어갔어.

그런데 캡슐 안의 전선 어딘가에서 불꽃이 튀었고,
캡슐은 불길에 휩싸였어.
세 우주인은 15초 만에 모두 숨을 거두고 말았지.

폭발 사고가 난 AS-204 우주선이 바로 아폴로 1호야.
아폴로 계획은 1호 다음에 바로 4호로 이어졌는데,
4~6호는 무인 우주선이었어.

아폴로 계획 유인 우주선

우주선	발사 년월	수행 내용
아폴로 7호	1968년 10월	지구 궤도 비행
아폴로 8호	1968년 12월	달 궤도 비행 달 궤도에서 지구가 떠오르는 지구돋이를 중계
아폴로 9호	1969년 3월	달 착륙선 스누피를 장착, 달 궤도 비행
아폴로 10호	1969년 5월	달 착륙선 스누피를 타고 달 표면 접근 후 귀환(도킹 성공) 아폴로 11호가 착륙할 달 표면, 고요의 바다 조사

그리고 7호부터 10호는 아폴로 11호가 달 착륙을 하기까지의
준비 과정이었지.

아폴로 11호 이후 아폴로 계획은 17호까지 계속됐어.

11호부터 17호까지 일곱 차례
아폴로 계획에 참여한 우주인들 가운데
21명이 달 궤도를 돌았고, 그 가운데 12명이 달에 발을 딛었어.
하지만 아폴로 13호는 임무를 성공적으로 마치지 못했어.

1970년 4월, 달로 향하던 아폴로 13호의 사령선이 고장났어.
지구로부터 32만 킬로미터 떨어지고
달에서는 6만 킬로미터 떨어진 지점에서
산소 탱크 하나가 폭발한 거야.
하지만 우주인들은 무사히 귀환했어.

케네디 우주센터의 아폴로 13호
아폴로 13호와 우주인들의 이야기는
〈아폴로 13〉이라는 영화로도 만들어졌어.
시간 날 때 보면, 과학자들과 우주인들의
고생과 헌신을 짐작할 수 있을 거야.

ⓒ NASA

이들의 경험을 통해,
과학자들과 우주인들은 우주에서 큰 사고가 발생해도
훈련받은 대로 하면 무사할 수 있다는 교훈을 얻었지.

로켓이나 우주선을 만든 과학자들과
그에 올라타 우주로 향한 우주인들 뒤에서,
묵묵히 우주 탐사를 지원한 이들도 기억해야 해.

지구와 달 사이의 거리는 38만 킬로미터야.
지구와 달 사이에 지구가 30개 들어설 수 있는 거리지.
이렇게 먼 거리를 여행해서 정확히 착륙한 후 다시 무사히 귀환하기
위해서는 정확한 계산이 필요해.
이 계산을 누가 했을까? 그 계산 프로그램은 누가 만들었을까?

MIT대학교의 연구소에서 아폴로에 사용할
소프트웨어를 개발하는 팀을 이끌었던 마거릿 해밀턴이야.
해밀턴은 손으로 프로그램을 짰어.
그녀가 짠 코드는 책으로 만들어졌는데
그 높이가 그녀의 키만큼이나 높았대.

마거릿 해밀턴과 그녀가 수작업으로 코딩한 책들

이 많은 코드를 오로지 머리와

칠판만으로 짰다는 게 놀라울 뿐이지.

마거릿 해밀턴은 우주선 조종사들이

동시에 너무 많은 작업을 입력했을 때를 대비했어.

달 표면 도착 3분 전에 우주선이 처리할 수 있는

용량을 초과했는지 자동으로 점검하고,

만약 초과했다면 중요도가 낮은 작업부터 중단시키도록

경고를 하게 한 거야.
그런데 아폴로 11호의 달 착륙 직전,
실제로 이런 일이 발생했대!
조종사들은 해밀턴이 짠 프로그램에 따라 행동해
고장을 일으키지 않고 달에 착륙할 수 있었던 거야.
해밀턴이 없었다면 아폴로 11호는 달에 착륙하지 못했거나,
착륙했다고 하더라도 지구로 귀환하지 못했을지 몰라.

마거릿 해밀턴은 아폴로 11호가 아니라고 하더라도
소프트웨어 엔지니어링에서 빼놓을 수 없는 중요한 인물이야.
하지만 여자라는 이유로 오랫동안 이름이 널리 알려지지 않았어.
해밀턴은 아폴로 11호가 달 착륙에 성공한 지 47년이 지난
2016년에야 오바마 미국 대통령으로부터
미국 최고 권위의 시민상인 '자유의 메달'을 받았지.

이런 사람들의 노력과 우주로 나아가고자 하는 열망으로
그에 필요한 과학과 기술이 더욱 발전했어.
이제 사람들은 우주정거장과 달을 거쳐
화성으로 나아갈 방법을 찾기 시작했어.

ⓒ NASA

우주 탐사에서 빼놓을 수 없는 세 여성
도로시 본(위 왼쪽), 메리 W. 잭슨(위 오른쪽), 캐서린 존슨(아래)은
컴퓨터도 없는 시대에, 인간 컴퓨터로서 비행 궤도를 계산해
머큐리 계획이 성공하는 데 이바지했어. 그러나 이들은
여성에다 흑인이라는 이유로, 오랫동안 빛을 보지 못했지.
이들의 이야기는 〈히든 피겨스〉라는 영화에 생생하게 담겨 있어.

우주 탐사는 미국과 소련의 경쟁에서 촉발됐어.
하지만 두 나라는 우주 탐사를 위해 협력하게 돼.
아무리 강대국이라도,
우주 탐사를 혼자서 감당하기는 어려웠기 때문이야.
미국과 소련 두 나라뿐만 아니라
유럽의 여러 나라들과 일본 등 많은 나라들도 우주 탐사에 나서지.
그 결과 국제 우주정거장이 건설돼!
그 과정을 살펴볼까?
그리고 우주정거장에서 뭘 했고 또 뭘 하려는 건지
우주정거장을 건설한 이유를 알아보자.

Level 2

우주정거장과 우주 기지
국제 공조 그리고 새로운 경쟁

같이 합시다!

소련은 지구 궤도에 우주정거장을 올리기로 했어.
이름하여 '샬루트 프로젝트'
1971년, 소련은 최초의 '우주정거장' 샬루트 1호를 쏘아 올렸어.

그 뒤 소유즈 우주선들을 쏘아 올려서
샬루트 1호에 도킹하는 실험을 했어.

그 과정에서 소유즈 11호의 우주인들이 지구로 귀환하는 도중,
귀환선의 밸브가 열리며 공기가 빠져나가 목숨을 잃는 사고도 발생했지.

미국 역시 우주정거장을 띄우려고 했어.

그래서 1975년, 두 나라의 우주선이 우주에서 도킹하고
두 나라의 우주인이 우주에서 만날 수 있었던 거야.

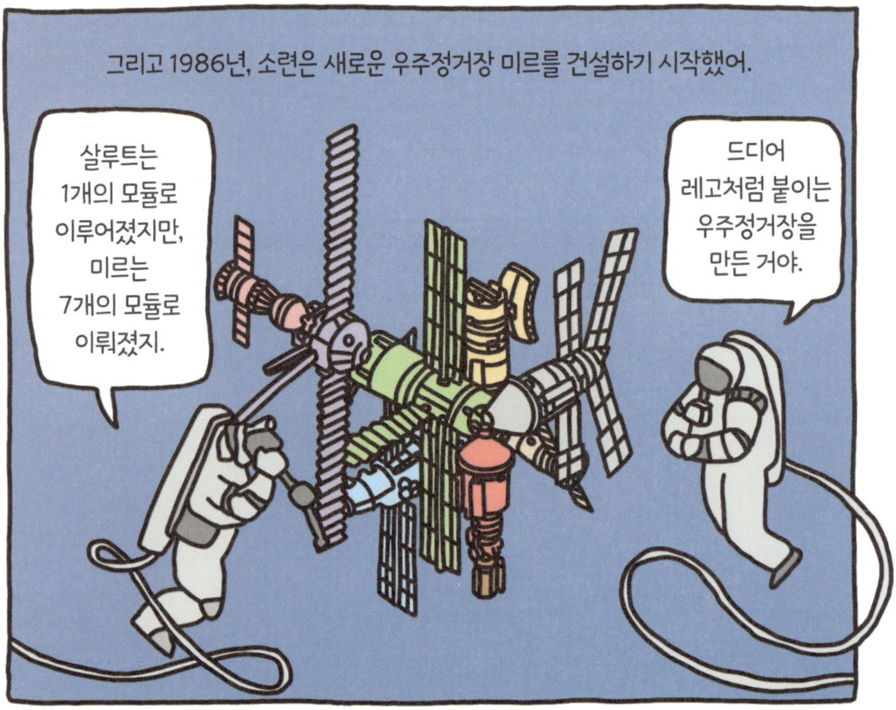

Check it up 1 　상식

우주정거장에서는 무엇을 할까?

1998년 11월에 첫 번째 모듈이 발사된 국제 우주정거장은
계속해서 새로운 모듈을 합치면서 20년 넘게 지구 주위를 돌고 있어.
지구 상공 약 4백 킬로미터에서 시속 약 2만 7천 킬로미터로
움직여서 약 93분에 한 번꼴로 지구를 돌지.
크기는 축구 경기장만 하고 높이는 7층 건물 높이,
무게는 450톤이나 나가.
그런데 2011년, 또 하나의 우주정거장이 지구 상공으로 날아올랐어.
중국이 건설한 우주정거장 톈궁인데,
중국은 핵심 모듈인 톈허를 발사하는 등
톈궁을 대형 모듈식 우주정거장으로 건설해 나가고 있어.

이런 우주정거장들에서는 다양한 실험이 이뤄지고 있지.

가장 중요한 실험 가운데 하나는

'미세 중력이 인간 건강에 미치는 영향'에 관한 거야.

미세 중력이란 아주 작은 중력을 말해.

국제 우주정거장은 무중력 상태가 아니라 미세 중력 상태거든.

이 실험에서 가장 큰 관심사는 골밀도(뼈의 밀도)에 관한 거야.

우리 체중은 한마디로 지구 중력이 끌어당기는 힘이야.

우리 몸속 뼈는 지구의 중력에 적응해서

지구에서 우리 몸을 지탱할 만큼 높은 골밀도를 가지고 있어.

그런데 중력이 아주 작은 미세 중력 상태에서도

우리 뼈는 골밀도를 유지할 수 있을까?

이는 아주 중요한 문제야.

만약 미세 중력 상태에서 골밀도가 낮아진다면,

우주인들의 뼈가 노인의 뼈처럼 약해진다는 거니까.

그 상태로 지구로 귀환하면 우주인들의 약해진 뼈는

지구 중력을 견뎌낼 수 없을 거야!

그래서 여러 우주인을 대상으로 주기적인 골밀도 검사와

여러 가지 실험을 했지.

그리고 그 결과는 예상대로였어!

> 미세 중력 상태에서
> 골밀도는 물론 근육량이 현저하게 감소했어!

그래서 우주인들은 미세 중력 상태에서 골밀도와 근육을 유지하기 위한 여러 가지 과제와 실험을 수행하고 있어.

우주식을 잘 먹는 것도 과제라고 할 수 있지!

운동 역시 뼈와 근육 유지를 위한 중요한 실험이야.

ⓒ NASA   ⓒ NASA

우주인들은 지구에서 골다공증 치료에 쓰이는 약을 먹기도 하고 정기적으로 지구에 자신들의 혈액, 소변 등 샘플을 보내고 지구로 귀환해서도 건강 상태를 지속적으로 점검해.
그들의 우주정거장 생활 자체가 인간이 우주에서 생존하고 생활할 수 있는 가능성을 열기 위한 실험인 셈이지.

이밖에도 우주정거장에서는 많은 실험이 이뤄지고 있어.

하지만 구체적으로 공개되지는 않아서,

수행했을 가능성이 있는 실험 분야를 추측할 뿐이야.

어떤 실험을 할까?

무엇보다도 우주에서 인간이 생존하는 데 필요한 실험을 해야 할 것 같은데…….

일단 우주정거장에서는 인간이 우주에서 장기간 생활을 할 수 있는 조건을 만들기 위한 여러 실험을 수행할 거야.

사람이 살아가려면 일단 먹어야 하고 싸야 해.

그리고 싼 것은 다시 분해되어야 하고.

먹으려면 식량이 필요하고 분해하려면 미생물이 필요하지?

따라서 우주정거장에서는

식물과 미생물의 생장과 관련된 실험을 수행할 수밖에 없어.

또한 우주정거장에서는 인간이 우주에서 생존할 수 있는

기술 개발을 위한 실험 역시 진행될 거야.

대표적인 게 방사선과 관련된 거야.

지구에는 대기가 있어서 태양이 내뿜는 방사선을 막아주지만 우주에는 대기가 없어.

그래서 **방사선**이 인간을 비롯한 생명체에 어떤 영향을 미치는지 어떤 물질이 방사선을 가리고 덮는 차폐에 효과적인지 등을 실험할 거야.

유체와 관련된 실험도 빼놓을 수 없어.

유체란 기체와 액체처럼 움직이는 물체를 말해.

공기, 물, 액체 연료 등이 모두 유체지.

그런데 지구와 우주에서 이 유체의 움직임은 달라.

예를 들어 중력이 있는 지구에서는 모든 것은 아래로,

동일 유체 안에서 온도가 높은 것은 가벼워져서 위로,

낮은 것은 무거워져서 아래로 움직여.

그런데 미세 중력이나 무중력 상태에서는

이런 움직임이 발생하지 않아.

그래서 우주선에서 유체는 대류하지 못하고

유체 속에 공기 방울이 생성되었을 때 위로 올라가지도 않아.

그래서 **지구에서 쓰는 방식만으로는 유체를 제어할 수 없어**.

그런데 유체를 제어하는 기술은 매우 중요해.
우주선에서 숨을 쉬려면 공기를 제어해야 하고
우주선에 필요한 물을 공급하고 사용한 물을 정수해서 재사용하려면
물을 제어해야 하니까.
액체 연료에 생긴 공기 방울을 제거하지 못하면
우주선 엔진에 불이 붙을 수도 있어!
그래서 우주라는 환경에서 유체를 제어할 수 있는 기술 개발이
필요하고, 그와 관련된 실험이 진행될 수밖에 없는 거야.

이밖에도 우주라는 척박한 환경에서 사용할 수 있는 **재료 개발**과
새롭게 개발된 기술을 시험 작동해 보는 **기술 데모**의 장으로도
우주정거장은 이용되고 있어.

우주정거장에서는 **우주 관측**을 하기도 좋아.
대기가 없어서 더 선명한 우주 사진을 얻을 수 있거든.
우주정거장에서는 지구의 대기, 육지, 해양에 관한
데이터를 수집해서 지구의 환경과 기후, 자연재해, 도시 개발을
감시하기도 할 거야.

우주정거장에는 3~4명, 많아야 7~8명의 우주인이 머물러.

그 한정된 인원이 이런 실험을 다 하려면 바쁘겠지?

바쁜 와중에도, 우주인들은 <mark>교육과 문화 활동</mark>에도 적극 참여해.

대중에게 과학을 쉽게 이해할 수 있는 기회를 제공하고

우주에 관한 관심과 우주 탐험에 대한 호기심을

불러일으키기 위해서지.

이런 이해와 관심, 호기심은 우주 탐사에 큰 밑거름이 될 거야.

그리고 더 먼 우주로 나가는 발판이 되겠지!

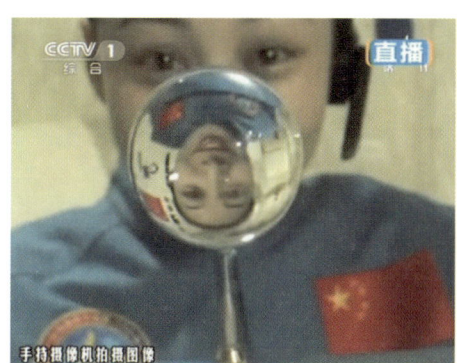

ⓒ 신화연합뉴스

선생님은 우주 비행사
중국 우주정거장 톈궁 1호에서
물방울이 둥둥 떠다니는 과학적 원리를
설명하고 있는 여성 우주인 왕야핑.
왕야핑의 이 물리학 강의는 중국 전역
8만여 학교에 생중계돼서
6천여만 명의 학생들이 들었대.

[Check it up 2] 계획

우주정거장을 지나 어디로 갈까?

정거장이 뭐야?

버스 정거장을 생각하면 쉽지.

어딘가로 가기 위해 버스를 타고 내리는 장소잖아.

목적지가 아니라,

지나가거나 잠시 머무르는 장소 말야.

우주정거장도 마찬가지야.

우주의 어딘가로 가기 위해 지나가거나 잠시 머무르는 곳이지.

어디로 가려는 거냐고?

우주정거장을 지나 **첫 번째로 도착하게 될 목적지는 달**이 될 거야.

달은 지구에서 가장 가까운 천체니까.

미국 나사는 달 남극에 기지 건설을 목표로 하는 아르테미스 프로젝트Artemis project를 진행하고 있어. 유럽 우주국도 문 빌리지Moon Village 계획을 통해 국제적 협력을 바탕으로 달 기지를 세우려고 하지. 중국도 '국제 달 과학연구기지ILRS'라는 달 기지 건설 계획을 추진 중이야.

미국 나사의 아르테미스 프로젝트 상상도

달에 기지를 세우려면 사람이 살아가는 데 필요한 공기, 물, 식량 등은 달에서 조달할 수 있어야 해. 달에서 쓰이는 에너지 등을 지구에서 실어 나르려면 돈이 너무 많이 들거든.

그런데 <mark>달에 얼음 형태로 물이 존재</mark>한다는 사실이 발견되었어!

이 얼음으로 물을 얻을 수 있고

물을 전기 분해하면 산소를 얻을 수 있어.

문제는 식량이야! 식량을 얻으려면 농사를 지어야 하는데,

지구에서 종자를 가져와 달에서 농사를 지을 수 있을까?

달은 먼지, 흙, 부서진 돌조각이 퍼석퍼석하게 덮여 있거든.

달 기지 건설 계획이 성공하려면,

이런 달에서 경작 가능한 <mark>농사 기술</mark>이 필요한 거야!

필요한 에너지는 헬륨-3 $^{He-3}$이라는 물질에서 얻을 수 있어.

달에는 헬륨-3가 풍부한데, 그걸로 핵융합 발전을 할 수 있지.

그러려면 달에서 <mark>헬륨-3을 채취해서 운송하고,</mark>

<mark>또 헬륨-3으로 핵융합 발전을 할 기술을 개발</mark>해야 해.

개발 중인 헬륨-3 채굴 장비 상상도   ⓒ NASA

달에는 대기가 없어서 낮과 밤의 기온 차가 크고 방사선도 엄청나.

우주정거장에서도 겪은 거라 큰 문제는 안 되겠지?

그런데 겪어 보지 못한 문제도 많아.

달의 중력은 지구의 1/6 크기로 작지만,

주변의 우주먼지와 운석을 끌어당기기엔 충분해.

그래서 달에는 우주먼지와 운석이 비처럼 쏟아져 내릴 수 있지.

달 기지는 이 우주먼지와 운석을 이겨낼 수 있어야 해.

달 기지 건설을 위한 건축 기술과 재료 개발도 필요한 거야.

이런 기술적 문제가 해결돼 달에 기지를 세우고

더 나아가 지구에서 많은 이들이 달로 이주해

달에 식민지가 건설되면

사람들은 좀 더 먼 곳으로 눈을 돌릴 거야.

사실 달은 다른 천체로 나아가기가 지구보다 훨씬 유리해.

중력이 지구의 1/6이라서

지구보다 훨씬 적은 힘으로 로켓을 쏘아 올릴 수 있거든.

달은 더 먼 우주로 나아가는 교두보로 안성맞춤인 거야.

달 역시 목적지가 아닌

더 먼 우주로 나아가기 위한 정류장인 셈이지.

달 다음으로 갈 곳은 화성일 거야.

비교적 지구와 가까우면서 생명체가 살 만하지 않을까

싶은 행성이니까.

화성에 기지를 세울 때도

우주정거장, 달 기지, 식민지를 건설한 기술이 큰 도움이 될 거야.

하지만 화성은 우주정거장은 물론 달과도 다른 조건이 많아서

기존의 기술만으로는 충분하지 않을 거야.

예를 들어 화성에는 미약하지만 대기가 있고,

그 대기로 인해 엄청난 먼지폭풍이 일어나곤 해.

따라서 화성에 기지를 세우려면 이 **먼지폭풍을 예측**하고

이에 **대비**하기 위한 기술적 준비가 필요해.

또 화성에 기지를 세울 때는 로봇을 먼저 파견할 가능성이 커.

지구에서 화성에 가려면 6개월 이상이 걸려.

따라서 돌아올 것을 생각해 우주선을 쏘아 올리려면

돌아올 때 필요한 연료까지 싣고 가야 해서

우주선의 무게가 어마어마하게 무거워져.

그래서 돌아오지 않아도 문제없는 로봇을 먼저 보내려는 거야.

사람보다 먼저 화성에 간 로봇은

사람이 화성에서 머물 수 있는 기본적인 시설을 설치해야 해.

극심한 일교차에 문제없는 거주 시설과

그 안에서 인간이 살아갈 수 있는 생명 유지 장치,

지구나 달 기지와 소통할 수 있는 통신 장치 등을 말이야.

그러자면 로봇 기술이 지금보다 훨씬 발전해야겠지?

© NASA

화성을 탐사하는 로봇들
과학자들은 1997년 소저너라는 로봇을 화성으로 보내서 탐사를 시작했어.
그 뒤 2004년 오퍼튜니티와 스피릿이라는 쌍둥이 로봇이, 다시 2012년에 큐리오시티를 보냈지. 2021년에는 퍼서비어런스라는 로봇을 보냈어.
이 로봇들은 화성의 지질을 조사하고 생명체의 흔적을 찾는 등, 화성에 대한 정보를 수집해서 지구로 전송하고 있어.
사진은 큐리오시티의 모습이야.

혼자 화성을 탐험하는 거야?
로봇이라도 외롭겠다!

69

`Check it up 3` 기업

우주로 눈을 돌리는 기업들

달과 화성으로 갈 계획까지 세우고는 있지만,

우리는 아직 마음껏 우주선을 쏘아 올리지도 못하는 상황이야.

계획을 실현하기 위해서는 무엇보다도 먼저

우주로 날아가는 일이 지금보다 훨씬 경제적이어야 해.

그래서 미국은 재활용 가능한 우주왕복선을 개발해 우주를 오갔어.

한동안 우주왕복선은 우주정거장 건설,

우주정거장에 머물 승무원 교대, 보급품 전달에

이상적인 운송 수단처럼 보였어.

하지만 ==우주왕복선 프로그램은 2011년 7월에 종료==되었어.

우주로 날아오르는 우주왕복선
우주왕복선은 재사용을 위해 설계된 최초의 우주선이야. 비행기 모양의 궤도선, 외부 연료 탱크, 두 개의 고체 로켓 부스터로 구성됐어. 이중 궤도선만 재사용이 돼.

우주선을 재활용하면 탐사 비용을 줄일 수 있을 거라 기대했어.

하지만 우주왕복선은 너무 무거워서 한 번 쏘아 올릴 때마다 많은 돈이 들었어.

또 우주선의 크기가 정해져 있어서, 탑재할 물품이 적어도 커다란 우주선을 쏘아 올려야 할 때도 많았지.

재사용하기 위한 수리 비용도 만만치 않았어.

게다가 폭발 사고도 여러 번 나면서 안전성 문제도 불거졌어.

그래서 미국은 우주왕복선 프로그램을 끝내고

러시아의 소유즈 우주선을 이용해 우주정거장으로 날아갔지.

다른 나라들도 대부분 소유즈를 이용하기 시작했어.

중국만 자국의 로켓과 우주선을 이용하는 정도였지.

그런데 **민간 기업들이 로켓과 우주선을 만들기 시작**했어!

스페이스X, 블루 오리진, 버진 갤럭틱과 같은 기업들이지.

테슬라 전기자동차로 유명한 일론 머스크가 세운 **스페이스X** SpaceX는 재사용 가능한 로켓을 개발해서 우주 접근 비용을 획기적으로 낮췄어.

ⓒ 스페이스X

스페이스X의 로켓 팰컨9 Falcon9
왼쪽은 발사하는 모습이고, 오른쪽은 우주로 쏘아 올렸던 1단 로켓이
지구로 귀환, 착륙하는 모습. 2단으로 구성된 팰컨9은 발사된 뒤 분리된 1단 로켓이
오른쪽 사진처럼 수직으로 착륙해서 재사용이 가능해.

그래서 많은 나라가 스페이스X의 팰컨 로켓을 이용해

인공위성을 쏘아 올리고 있어.

또 많은 나라가 스페이스X의 로켓뿐만 아니라

스페이스X의 우주선 크루 드래건Crew Dragon을 이용하고 있어.
2020년 나사의 우주비행사들은
크루 드래건에 탑승해 국제 우주정거장에 갔다가
64일 동안 임무를 수행한 뒤 무사히 지구로 귀환했어.
미국뿐만 아니라 러시아 등 다른 나라도 스페이스X의
팰컨9과 크루 드래건을 이용해 우주정거장을 오가고 있어.
스페이스X는 스타십Starship이라는 대형 우주선도 개발 중이야.
스타십은 오랜 기간 우주여행이 가능한,
또 항성 간 이동을 목적으로 개발 중인 우주선이야.
재활용도 가능하게 만들려고 하고 있지.

ⓒ NASA

ⓒ 스페이스X

크루 드래건
국제 우주정거장에 도킹하고 있어.

스타십
아래쪽이 1단 로켓, 위쪽이 2단이자 우주선인 스타십이야.

세계적인 인터넷 쇼핑몰 아마존의 창업자로 잘 알려진
제프 베이조스도 우주 탐사에 뛰어들었어.
그는 일론 머스크보다 2년 앞선 2000년
블루 오리진Blue Origin이라는 회사를 설립하고
재사용이 가능한 로켓을 개발했지.
영국의 괴짜 사업가로 유명한 리처드 브랜슨 경도 2004년
버진 갤럭틱Virgin Galactic을 설립하고
독자적인 로켓과 우주선, 그리고 우주비행 시스템을 개발하고 있어.
물론 재활용할 수 있게 만들고 있지.

블루 오리진과 버진 갤럭틱의 로켓 발사

ⓒ 블루 오리진

블루 오리진의 로켓,
뉴셰퍼드의 발사 모습이야.
맨 윗부분에 우주인이 탈 수 있는
캡슐이 보이지?

ⓒ 버진 갤럭틱

버진 갤럭틱은 비행기처럼 생긴
모선에 로켓을 얹고 하늘로
날아오른 뒤, 로켓을 쏘아 올려.
중력을 덜 받도록 하기 위해서래.

블루 오리진과 버진 갤럭틱의 우주선은 스페이스X와 달리, 우주정거장으로 우주인과 물자를 실어 나르지는 않아. 대신 자체 개발한 로켓과 우주선 혹은 캡슐을 이용해 우주여행객을 모집하는 데 집중하고 있지.

이 외에도 많은 기업이 우주에 관심을 두고 독자적인 콘셉트와 기술을 개발하고 있어. 소형 위성 발사에 주력하는 기업들도 있고, 상업용 우주정거장을 개발하려는 기업들도 있지. 더 나아가 달 착륙, 우주 자원 탐사 등을 목표로 기술을 개발하고 실제로 우주선을 쏘아 올리는 기업들도 생겨나고 있어.

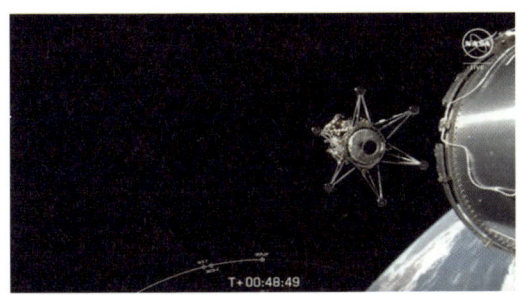

ⓒ 스페이스X

최초의 민간 기업 달 착륙선
2024년 2월 미국의 우주 탐사 기업 인튜이티브머신스의 오디세우스가 달 착륙을 위해 팰컨9에서 분리되는 모습이야. 오디세우스는 달에 착륙하면서 다리 하나가 부러졌지만, 민간 기업이 만든 우주선으로서 최초로 달에 간 우주선으로 기록됐어.

기업들이 우주에 관심을 두는 까닭은 뭘까?

당연히 우주 탐사가 돈이 되기 때문이야.

로켓으로 인공위성을 쏘아 주면 돈을 벌 수 있으니까.

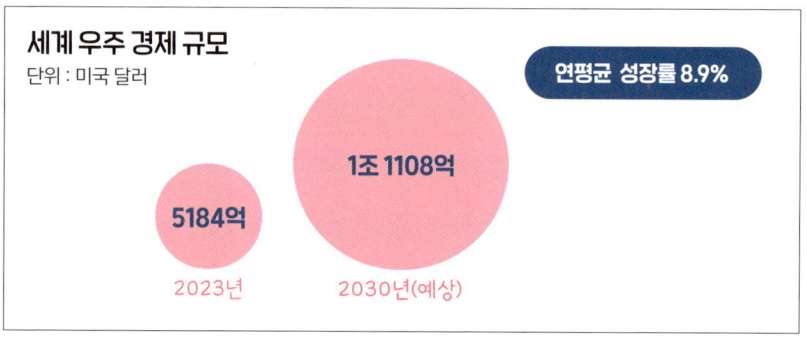

하지만 당장 돈을 버는 것보다 더 중요한 건,

먼저 기술을 개발해야 우주를 선점할 수 있다는 점이야.

달에 먼저 가면 달에 대해 더 많은 정보를 가질 수 있어서

어디를 개발하고 어디에서 자원을 찾을 수 있는지 알 수 있으니까!

일론 머스크는 물론, 당장은 우주 관광 사업에 힘을 쏟는

제프 베이조스나 리처드 브랜슨도

달이나 화성으로 나아가려는 야심을 갖고 있는 사람들이야.

우주 관광 사업은 우주로 나아갈 수 있는 기술을 축적하기 위한 수단인 거야.

그래서 남들보다 먼저 달, 화성으로 날아가기 위해
남들보다 앞서 우주 탐사에 필요한 기술을 개발하고 있는 거지.

지금의 상황을 항공 사업에 민간 기업이 참여하기 시작한
2차 세계 대전 이후와 비교하는 이들이 많아.
2차 세계 대전 이후, 민간 기업이 항공 사업에 참여하면서
경쟁이 시작됐고, 여객기 시장이 열리면서
오늘날과 같이 항공 기술이 발전할 수 있었거든.
이와 마찬가지로 우주 탐사에 민간 기업이 참여하면서
경쟁이 심화되고, 그 심화된 경쟁을 통해 우주 탐사 기술이
획기적으로 발전하기를 바라는 거야.
그러면 우주로 나가는 일이 좀 더 쉬워지겠지?

우주로 쉽게 나갈 수 있으면
달로, 화성으로 가는 날 역시 가까워지겠네!

민간 기업들의 우주 탐사 분야의 참여로
우주 탐사는 우주 산업으로 여겨지며
경제 논리에 따른 경쟁의 분야가 될 수도 있어.
하지만 우주 탐사는 여전히
전 세계 과학자들의 협력과 공조가 필요한 분야야.
이런 협력과 공조를 바탕으로
지금도 과학자들은 태양계를 넘어
심우주로 향하는 우주 탐사를 진행하고 있어.
어떻게 연구하고 있고, 어디까지 알게 되었을까?
그동안 과학자들이 밝혀낸 우주의 모습을 알아보자.

Level 3

허블과 제임스 웹
심우주로 떠난 우주 항해자들

두 사람의 공통점

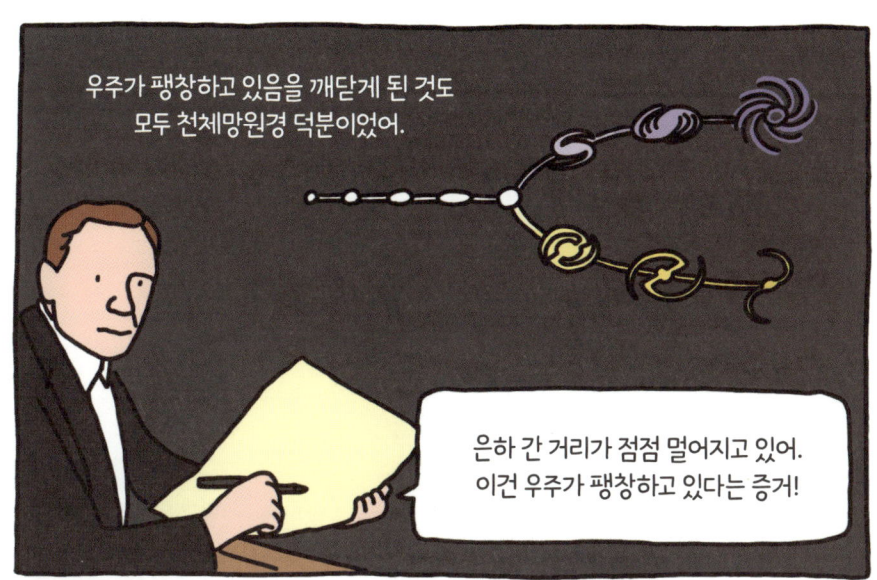

천문대에 장착했어.

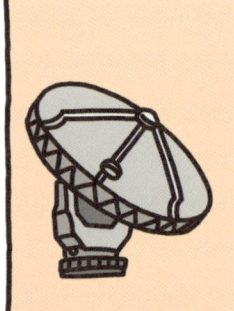
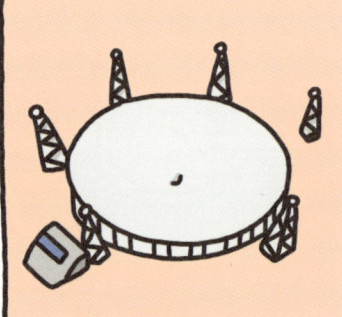

우리나라
보현산 천문대
광학망원경

스웨덴
유럽 남부 천문대
서브밀리미터 망원경

세계 최대 전파망원경,
중국의 톈옌.
공식 명칭은 500미터 구면 망원경(FAST)

`Check it up 1` 과학

허블과 제임스 웹이 알려 준 우주

허블 우주망원경은 지구 540km 상공에서 90분에 한 번씩
지구를 돌며, 과학자들이 우주를 관측할 수 있게 해 줬어.
덕분에 우리는 우주에 대한 많은 사실을 알게 되었지.

허블은 천체망원경을 통해 우주가 팽창하고 있고
지구에서 먼 은하일수록 빠르게 멀어진다는 걸 알아냈어.
그리고 허블 우주망원경을 통해 과학자들은
은하 사이의 거리와 멀어지는 속도를 정확하게 측정할 수 있었어.
허블 우주망원경으로 먼 우주를 정밀하게 관측할 수 있어서
단위 시간당 움직이는 거리를 정확하게 계산할 수 있었던 거야.

© NASA

허블 우주망원경을 수리하는 우주인들

허블 우주망원경은 1978년부터 미국의 나사와 유럽의 유럽 우주국이 함께 계획하고 연구했다고 해. 하지만 예산 등의 문제로 1990년에서야 쏘아 올릴 수 있었지. 여섯 차례의 수리를 통해 계속 업그레이드 되었고, 2020년대 후반 임무를 마칠 것으로 보여.

은하 사이가 멀어지는 속도를 알면

우주가 팽창하는 속도도 계산해 낼 수 있어.

우주가 팽창하는 속도를 알면,

우주가 얼마나 오랫동안 팽창했는지도 알 수 있고,

그 기간을 알면 우주의 나이도 계산할 수 있지.

이 과정을 통해 과학자들은

우주 나이가 137억 년이라는 것을 알게 됐어!

137억 년 전에 빅뱅이 일어났던 거야.

우주에 셀 수 없이 많은 은하가 있다는 걸 알게 된 것도

허블 우주망원경 덕분이야.

1995년 과학자들은 아무것도 없어 보이는,

깜깜한 우주 공간으로 허블 우주망원경을 돌려 봤어.

많은 이가 의미 없는 짓이라 생각했어.

아무것도 없을 거라고 예상했거든.

하지만 우주에 빈 곳은 없었어!

아무것도 없을 것 같은 암흑 속에 몇 천 개의 은하가 있었지!.

허블 울트라 딥 필드 Hubble Ultra Deep Field 이미지
이후에도 아무것도 없어 보이는 우주 공간으로 허블 우주망원경을 돌렸을 때마다 결과는 같았어. 지구에서 하늘을 올려다볼 때, 겨우 새끼손톱만 한 공간에 몇 천 개의 은하가 있었던 거야! 그렇게 찍힌 사진들은 찍은 시기 등에 따라 허블 딥 필드, 허블 울트라 딥 필드 등으로 불려.

은하에서 뿜어내는 빛을 연구하면 은하의 나이를 알 수 있어.

이 연구를 통해 과학자들은

빅뱅 이후 4억 5천만 년 후부터 은하가 생성되었음을 발견했지.

또 어린 은하에서 젊은 은하, 또 오래된 은하들을 연구해서

은하가 어떻게 탄생해서 어떻게 변화하고 성장하는지 관찰하고 있어.

허블 우주망원경은 블랙홀이 실제한다는 것도 보여 주었어.

블랙홀은 아주 무거운 질량을 가진 별이 붕괴되면 만들어져

무엇이든 다 빨아들일 만큼 엄청난 중력을 가지고 있지.

빛까지 빨아들여서 블랙홀은 망원경에 찍히지 않아.

그런데 블랙홀 주변에서는 종종

매우 높은 온도로 가열된 기체와 먼지들이 소용돌이치면서

블랙홀 안으로 빨려들어 가는 현상이 일어나.

이때 빛나는 원반이 생기지.

때로는 블랙홀이 강력한 물질과 방사선을 빠르게 방출하는데

이때는 강력한 제트가 만들어져.

허블 우주망원경은 이런 원반이나 제트를 우리에게 보여 줌으로써

블랙홀의 존재를 증명했던 거야.

ⓒ NASA

허블 우주망원경의 작품들
왼쪽 사진은 보이지 않는 물질에 의해 빛이 휘어지는 중력 렌즈 현상을 촬영한 거야.
휘어진 빛이 보이지? 오른쪽 사진은 허블 우주망원경이 찍은 가장 유명한 작품 중 하나인
독수리 성운(M16) 창조의 기둥(Pillars of Creation)이야.
7000광년 떨어진 독수리 성운은 수많은 별이 탄생해서 별들의 부화장이라고 불려.
이 별들의 부화장을 연구하면서 과학자들은
별이 어떻게 탄생하고 성장하는지도 알아낼 수 있었어.

허블 우주망원경을 통해 사람들은

우주망원경의 필요성과 중요성을 다시 한번 깨닫게 됐어.

그래서 또 다른 우주망원경 개발에 나섰는데

그중 하나가 제임스 웹 우주망원경이야.

==제임스 웹 우주망원경==은 적외선을 이용해 우주를 관측해.

적외선을 이용하면 보다 먼 곳까지 볼 수 있거든.

빛을 모으는 주거울은 허블 우주망원경보다 2배 이상 커서,

허블 우주망원경보다 훨씬 더 선명한 이미지도 얻을 수 있어.

과학자들은 이런 제임스 웹 우주망원경의 이점을 살려
별과 은하가 형성되는 과정을 관찰해서
최초의 별과 은하가 어떻게 생겨났는지를 밝혀낼 수 있기를
기대하고 있어.

ⓒ NASA

제임스 웹 우주망원경
2021년 12월 25일에 발사된 제임스 웹 우주망원경은 지구에서 150만 킬로미터 떨어진
태양의 두 번째 라그랑주 점(Lagrangian point, L2)의 궤도를 돌고 있어.
라그랑주 점은 두 개의 천체 사이에서 중력과 원심력이 상쇄돼 실질적으로 중력의 영향을
받지 않게 되는 곳이야. 그래서 허블 우주망원경보다 훨씬 안정적인 환경에서
어떠한 방해도 없이 우주를 관측할 수 있어.

또 제임스 웹 우주망원경을 통해 초기 우주를 관측하려고 해.
제임스 웹 우주망원경은 135억 광년 떨어진 은하까지
관측할 수 있거든. 외계 생명 탐사와 생명 기원을 찾는 것도
제임스 웹 우주망원경의 주요 임무야.

별이 생성되는 모습
7600광년 떨어진 카리나 성운에서 별이 생성되는 모습을 제임스 웹 우주망원경을 통해 촬영한 거야.

ⓒ NASA

과학자들은 허블 우주망원경을 통해 행성의 대기를 분석해서
생명이 살만한 곳들을 찾아냈어.
제임스 웹 우주망원경은 그런 행성을 더 찾고,
집중해서 관찰하게 될 거야.

사실 허블이나 제임스 웹 우주망원경 외에도
수많은 우주망원경이 우주로 나아가 임무를 수행했어.
그 가운데 허블과 제임스 웹 우주망원경이 가장 유명한 것뿐이야.
앞으로도 우주망원경은 계속 발사될 거야.

어떤 우주망원경이
허블과 제임스 웹의 뒤를 잇게 될까?
그 주인공이 궁금해지네.

[Check it up 2] 시사

보이저호는
어디쯤 가고 있을까?

과학자들은 인공위성과 우주선, 우주망원경 외에도
탐사선을 우주로 쏘아 올리고 있어.
탐사선이란 달, 화성과 같은 천체를 탐사하기 위한 비행체야.
아폴로 11호를 비롯한 아폴로 우주선은 유인 탐사선이지.
하지만 사람이 타지 않은 무인 우주탐사선이 훨씬 많아!
멀고 먼 우주에서 어떤 일이 벌어질지 모르고
또 너무 멀어서 다시 돌아올 수 없을지도 모르니
유인 탐사선보다 무인 탐사선을 더 많이 쏘아 올릴 수밖에 없는 거지.
인류가 처음 무인 탐사선을 보낸 곳은 역시 달이야.
그 뒤 태양을 비롯한 태양계 여러 천체에 무인 탐사선을 보냈지.

우주로 날아간 주요 탐사선들 (연도는 발사 년도)

금성

매리너 2호(미국)	1962년	최초
베레나 3호(소련)	1965년	표면 도달(최초)
매리너 5호(미국)	1967년	대기압 계산
베네라 7호(소련)	1970년	연착륙
마젤란(미국)	1990년	지질 대기 탐사
아카츠키(일본)	2010년	대기 조사

태양

파커 태양 탐사선(미국)	2018년	최초
솔라 오비터(ESA, 미국)	2020년	극지탐사

수성

매리너 10호(미국)	1973년	최초
메신저(미국)	2004년	수성 궤도 진입
베피콜롬보 (ESA, 일본)	2018년	자기장, 대기 분석

달

루나 1~3호(소련)	1950년대	지구 및 달 탐사
루나 9호(소련)	1966년	착륙(최초)
루나 16호(소련)	1970년	월석 채취 후 귀환
가구야(일본)	2007년	달의 기원과 진화 과정
창어 1호(중국)	2007년	달 궤도 비행/탐사
찬드라얀 1호(인도)	2008년	312일간 궤도 순회
창어 3호(중국)	2013년	착륙(미, 소 이후 3번째)
창어 4호(중국)	2018년	달 뒷면 착륙(최초)
베레시트(이스라엘, 민간)	2019년	최초 민간 달 탐사
찬드라얀 2호	2019년	로보 탑재, 착륙은 실패
창어 5호(중국)	2020년	월석 채취 후 복귀
다누리(한국)	2022년	달 표면 관측
찬드라얀 3호(인도)	2023년	달 남극 인근 착륙
SLIM(일본)	2023년	착륙

목성

파이오니어 10호(미국)	1973년	최초
갈릴레오(미국)	1989년	목성과 그 위성 탐사
주노(미국)	2011년	목성 형성과 진화 이해
얼음 위성 탐사선(ESA)	2023년	목성 위성들 탐사

화성

매리너 4, 6~7호(미국)	1960년대	표면 촬영
매리너 9호(미국)	1971년	표면 지도 완성
마스 3호(소련)	1971년	연착륙(최초)
바이킹 1, 2호(미국)	1976년	착륙 후 수년 동안 미생물 존재 증거 수집
마스 패스파인더(미국)	1997년	소형 로버 소저너를 착륙시켜, 자료 수집
스피릿과 오퍼튜니티(미국)	2003년	물 흔적 조사. 스피릿은 2011년, 오퍼튜니티는 2019년까지 탐사 수행
큐리오시티(미국)	2011년	지질, 기후, 생명 존재 증거 탐사
망갈리안(인도)	2013년	표면 촬영, 대기 자료 수집
엑소마스(ESA,러시아)	2016년	착륙 및 대기 포집
아말(UAE)	2020년	2117년 화성 식민지 건설 목표
톈원 1호(중국)	2020년	탐사 로버 주룽 탑재
퍼서비어런스(미국)	2020년	동력 비행물체 탑재(최초)

혜성 및 소행성

지오토(ESA)	1986년	핼리 혜성 탐사/ 그릭-쉐렐러프 혜성 접근
로제타(ESA)	2004년	최초로 혜성(67P/ 추류모프-게라시멘코) 착륙
딥임팩트(미국)	2005년	혜성(Tempel 1)과의 충돌을 통해, 혜성 구성 파악
하야부사(일본)	2003년	소행성 이토카와 탐사
뉴 호라이즌(미국)	2006년	왜소행성 명왕성 탐사
하야부사 2(일본)	2014년	소형 로버 이용, 소행성 물질 채취(최초)
다트(미국)	2021년	지구에 소행성이 충돌할 때를 대비
프시케(미국)	2023년	희귀광물 조사

토성

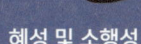

파이오니어 11호(미국)	1973년	목성탐사 후 토성궤도 진입
카시니-하위헌스(미국, 유럽)	1997년	토성과 그 위성 탐사

이런 탐사선들 가운데 가장 멀리까지 간 탐사선은
태양계 바깥쪽에 있는 행성들을 탐사하기 위해
우주로 날아간 보이저Voyager 1, 2호야.
보이저 1, 2호는 쌍둥이 우주선으로 1977년 발사됐지.

1977년 9월 5일 발사된 보이저 1호는
1979년에 목성을 지나며 목성과 목성의 위성을 상세히 촬영했어.
이때 목성의 위성 이오의 화산 활동을 발견했지.
또한 목성의 대기, 자기권에 대한 상세한 데이터를 제공했어.

ⓒ NASA

태양계를 벗어난 보이저 1호
보이저 1호는 토성과 토성 위성 탐사가 주목적으로 수명이 4년이었어.
하지만 4년이 지나도 계속활동하면서, 2012년 태양계를 넘어 심우주로 나아가고 있어.

보이저 2호는 1호보다 앞선 1977년 8월 20일에 발사됐어.

1980년에는 토성을 지나면서

토성의 가장 큰 위성인 타이탄의 대기 성분을 알아냈지.

1986년에는 천왕성을 지나며 천왕성의 위성 10개를 더 찾아냈고,

천왕성의 고리 2개를 추가로 발견했어.

1989년에는 해왕성을 지나면서 '대흑점'을 발견하고

해왕성의 위성 트리톤에 간헐천이 있다는 사실을 알렸지.

간헐천은 암석층에 있는 물이 열과 압력으로

지면 위로 솟아오르는 온천을 말해.

보이저 2호도 2018년에 태양계를 벗어나 머나먼 우주로 향하고 있어.

그리고 여전히 태양계 너머 우주에 대한 데이터를 전송하고 있지.

지금도 보이저 1호는 하루에 147만 킬로미터(시속 6만 1천 킬로미터),

2호는 133만 킬로미터(시속 5만 5천 킬로미터)씩 태양에서 멀어지고 있어.

2024년 1월 말, 보이저 1호는 태양에서 243억 킬로미터,

빛의 속도로도 18시간 10분이나 달려가야 닿는 곳에,

2호는 그보다 조금 가까운

태양에서부터 203억 킬로미터 떨어진 곳에 있어.

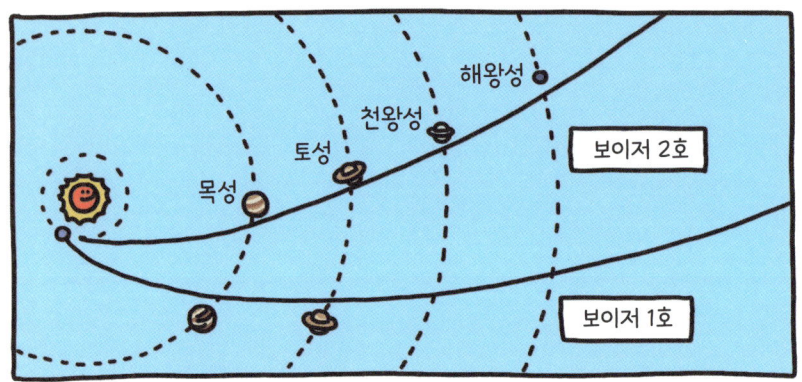

보이저1, 2호의 궤적

보이저 2호가 1호보다 먼저 발사된 건 주요한 탐사 목적지가 달랐기 때문이야. 1호는 목성과 토성이, 2호는 천왕성과 해왕성이 주된 탐사 목적지였는데 행성들이 모두 태양 주위를 돌며 움직이는 탓에 2호를 먼저 발사해야 계획대로 천왕성과 해왕성을 만날 수 있었던 거야.

그렇게 멀리 떨어져 있는데도

보이저 1호와 2호는 여전히 지구와 계속 교신하고 있어.

수집한 데이터를 우리에게 계속 보내서

우주 탐사에 지속적으로 기여하고 있는 거야.

Check it up 3 인물

골든 레코드와 칼 세이건

보이저 1호와 2호에는 특별한 장치가 실려 있었어.

이름하여, 보이저 골든 레코드Voyager Golden Record.

12인치(약 30센티미터)짜리 구리 디스크 표면에

금박을 입혔기 때문에 골든 레코드라고 부르는데,

보이저 1, 2호에는 이 레코드를 재생할 수 있는 재생기도 실려 있지.

우주로 날아가는 탐사선에

왜 레코드와 재생기를 실어 보냈을까?

그건 혹시라도 외계인을 만날 때를 대비하기 위함이야.

저 넓은 우주에 우리가 살고 있다는 걸 알리려는 거지.

보이저 골든 레코드 구성

분류	내용
지구의 소리	- 파도, 바람, 천둥, 동물(새와 고래의 노래 포함)이 내는 소리 등 다양한 자연의 소리 - 바흐와 베토벤의 클래식 작품부터 전 세계 여러 문화권의 전통 음악에 이르기까지 다양한 문화와 시대의 음악 - 지미 카터 미국 대통령과 커트 발트하임 유엔 사무총장의 평화와 희망의 메시지 - 55개 언어로 된 인사말: 영어, 중국어, 한국어 등
이미지	- 지구상의 생명과 문화의 다양성을 보여 주기 위해 사람, 동물, 식물, 풍경 사진뿐만 아니라 과학 및 수학적 개념, 인체 해부학, 우주에서의 건축과 우주비행사 등의 이미지
과학적 정보	- 펄서 지도 데이터를 사용하여 태양계와 은하계 내에서 지구의 위치를 인코딩한 정보 - 과학적, 수학적 정의와 물리적 원리를 그림 형식으로 정리한 내용 - 지구에서 쓰이는 기호들 - 인간의 간략한 해부도 - DNA에 관한 정보 - 2진법과 10진법 체계

ⓒ NASA

보이저 1호와 골든 레코드
이 레코드를 기획한 사람은 미국의 천문학자이자 《코스모스》의 저자로 유명한 칼 세이건이야. 《코스모스》는 최고의 과학 저술로 꼽히지.

그런데 골든 레코드를 기획했던 칼 세이건이
1990년 2월에 보이저 1호가 해왕성을 지날 때,
보이저 1호의 카메라를 지구 쪽으로 돌리자고 제안했어.
그래서 보이저 1호의 카메라에 지구의 모습이 잡혔지.
그런데 지구의 모습이 우리가 흔히 알고 있는
아름다운 블루 마블Blue Marble이 아니었어.
먼지, 혹은 점이라고 생각될 정도로 지구는 너무 작았어.
칼 세이건은 이렇게 보이는 지구를
창백한 푸른 점pale blue dot이라고 불렀어.

ⓒ NASA

보이저 1호가 본 지구의 마지막 모습
보이저 1호가 찍은 지구 이미지, 창백한 푸른 점(pale blue dot)은
1990년 2월 14일 4시 48분(GMT)에 촬영되었어.
보이저 1호의 카메라 전원이 영원히 꺼지기 불과 34분 전이었지.

칼 세이건이 해왕성을 지나며 지구를 찍으면

저렇게 지구가 작게 보일 줄 몰랐을까? 그렇지 않았을 거야.

그렇다면 칼 세이건은 도대체 무슨 생각으로

왜, 저런 지구의 모습을 담으려고 했던 걸까?

칼 세이건은 우리가 사는 지구가

우주의 바다에서는 작고 연약한 한 점에 불과하다는 것을

사람들에게 알리고 싶어 했다고 해.

창백한 푸른 점과 같은 지구의 모습을 보면

==인간이 스스로의 위치를 겸손하게 바라볼 수 있으리라== 생각한 거야.

그러면 많은 사람이 지금까지 살았던 모든 인간,

인간들이 가진 모든 기쁨과 슬픔,

인간이 창조한 모든 문명과 갈등이

저 창백한 작은 점 위에서 일어났다는 사실을 새삼 깨닫고

모두 힘을 합쳐 우리의 고향 지구를 지키고

서로서로를 돌봐야 할 책임이 있음을 느낄 거라고 생각한 거야.

칼 세이건의 바람처럼,

창백한 푸른 점으로 보이는 지구는 많은 이의 마음을 움직였어.

많은 사람이 이 넓은 지구도 우주에서는 티끌과 같은 존재고
그 티끌 속에서 사는 우리 역시 아무리 잘난 척 해 봐야
티끌에 지나지 않다는 걸 깨달은 거야.

티끌 속에서 티끌 같은 존재들이 서로 싸우고,
누군가를 지배하려 하고, 남보다 더 가지려고 아웅다웅하는 것이
얼마나 우습고 부질없는지를
창백한 푸른 점은 우리에게 일깨워 주었어.

ⓒ NASA

칼 세이건

칼 세이건은 단순한 과학자가 아니라 교육의 힘과 과학적 소양의 중요성을 믿었던 선각자로 평가받고 있어. 그리고 그의 영향력은 아직도 학계와 과학계를 훨씬 뛰어넘고 있지. 그는 《코스모스》 외에도 인간 지능의 진화를 탐구한 《에덴의 용》 등 20여 권의 책을 썼고, 영화 〈콘택트〉의 원작자로도 유명해.

지금 이 시각에도 많은 과학자가
우주 탐사에 필요한 기술 개발에 매진하고 있어.
과학자가 아니더라도,
언젠가는 우주의 비밀에 한 발 더 다가가겠다는
꿈을 키우는 이들도 있지.
하지만 한 편에서는 우주 탐사에 관심은 커녕
우주 탐사를 왜 해야 하는지 의문을 제기하기도 해.
우리는 왜 우주 탐사를 해야 할까?
누군가 이렇게 묻는다면, 어떻게 대답할래?
그 답을 찾아보자.

NEXT LEVEL

우주 탐사, 왜 해야 하나?
우주와 인류

우주 탐사에 얼마나 쓸까?

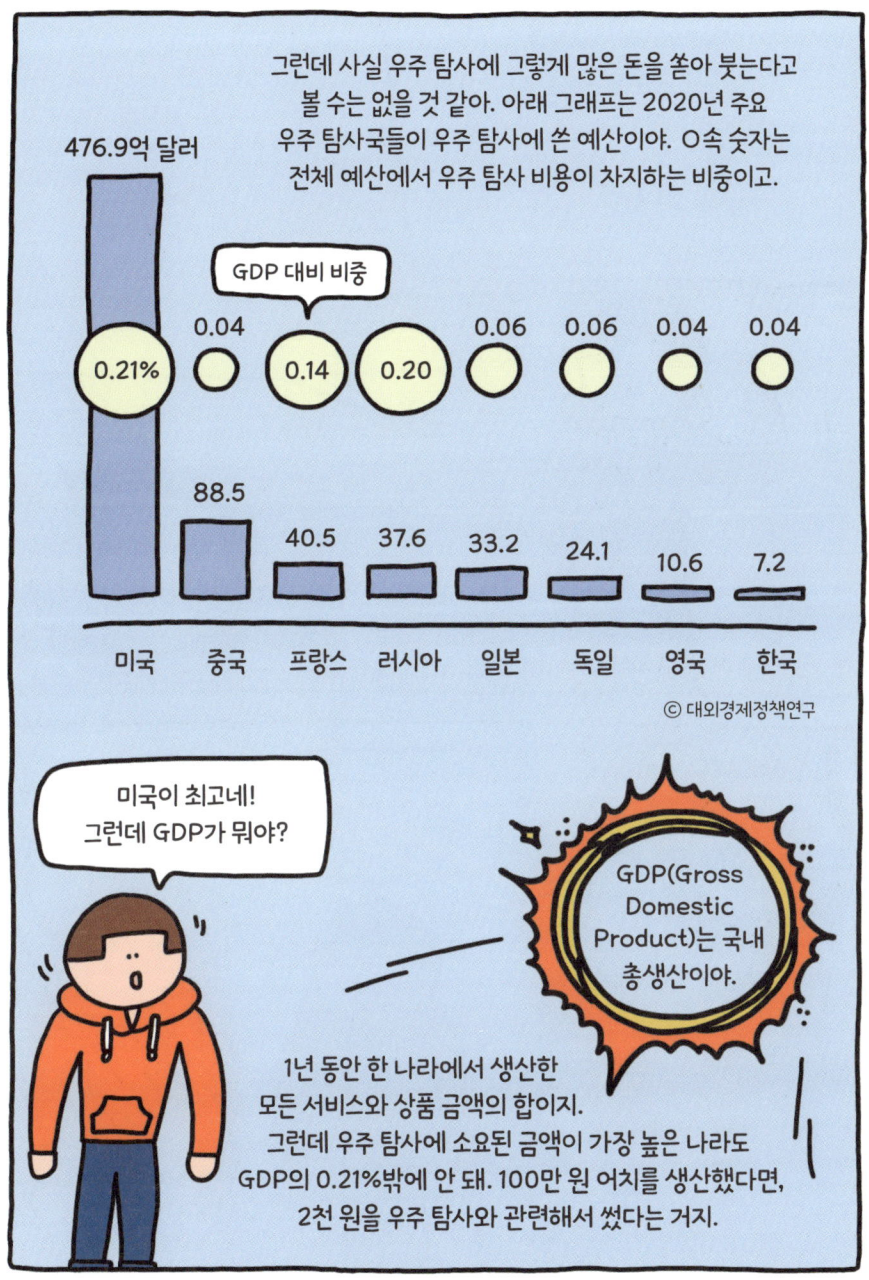

Check it up 1 　생존

인류는 지구에서 계속 살아갈 수 있을까?

공룡이 왜 멸종했는지 알아?

여러 가지 학설이 있는데, 그 가운데 가장 유력한 주장은 거대 운석 충돌설이야.

직경 10킬로미터 정도의 소행성이

지금의 멕시코 유카탄 반도 북쪽 카리브해에 충돌했다는 거야.

ⓒ NASA

화석으로 남은 6600만 년 전 지구의 지배자
고비사막에서 공룡 화석을 발굴하는 과학자들의 모습이야.
중국과 몽골에 걸쳐 있는 고비사막은 공룡 화석이 많이 나오기로 유명한 곳이지.

117

거대 운석이 바다에 떨어지면 그 충격으로
해안가로 어마어마한 쓰나미가 밀려와.
이 때문에 순식간에 많은 생물이 목숨을 잃었지.
하지만 이건 시작일 뿐이야.
거대 운석의 충돌로 충격을 받은 지구 여기저기서
화산이 폭발하고 지진이 일어났지.
그 바람에 지구는 불바다로 변했어.
이 불바다를 가까스로 견뎌냈어도
죽음을 피하기는 쉽지 않았어.
엄청난 불로 인해 지구 대기는 먼지와 이산화황으로 가득 찼고
그 먼지와 이산화황은 태양을 가렸지.
지구는 얼어붙기 시작했어.

본격적인 죽음의 행렬은 이때부터 시작돼.

혹한으로 식물은 생장하지 못하고,

식물을 먹는 초식동물들이 먹을 것을 찾지 못해 굶어 죽었어.

초식동물이 사라지면 당연히 육식동물들도 굶어 죽을 수밖에 없겠지?

이 과정에서 공룡들이 가장 타격을 입었지.

공룡이 최상위 포식자였으니까.

결국 대다수의 공룡이 지구에서 사라지고 말았어.

이 사건을 5차 대멸종 혹은 K-Pg 대멸종 백악기-팔레오세 대멸종 이라고 해.

살아남은 공룡들이 있다?
백악기까지 살던 공룡의 후손 가운데 아직 살아남은 종도 있어. 바로 '새'야.
새는 공룡 가운데 용반목 수각류에 속하는 공룡 가운데 하나로 밝혀졌어.
티라노사우루스, 트로오돈과 같은 육식공룡이 용반목 수각류에 속하는 공룡들이야.

이상하지? 5차 대멸종이라니?

그럼 1~4차 대멸종도 있었다는 얘기잖아!

맞아! 지구가 46억 살을 먹는 동안,

5차에 걸쳐 대멸종이 일어났었어.

지질시대와 5차 대멸종

이언	대	기	대멸종	표준 화석		생물계의 역사
현생 누대	신생대	제4기	5차	매머드		인류의 출현
		제3기(팔레오기, 네오기)		화폐석		포유류, 속씨식물 번성
	중생대	백악기		시조새 공룡 암모나이트		속씨식물 출현
		쥐라기	4차			파충류, 겉씨식물 번성
		트라이아스기	3차			포유류 출현
	고생대	페름기		방추층 (푸줄리나)	삼엽충	겉씨식물 출현
		석탄기	2차			파충류 출현, 양치류 번성
		데본기			갑주어	어류 번성
		실루리아기	1차	필석		육상 생물 출현
		오르도비스기				필석류 번성
		캄브리아기				삼엽충 출현
선캄브리아 시대	원생 누대			에디아카라 동물군		해조류, 단세포 생물 출현
	신생 누대			스트로마톨라이트		

지구 46억 년의 역사는 지구에서 일어났던 대규모 지각 변동을 기준으로 위의 표처럼 나눠.
그런데 지구 역사 46억 년 가운데 선캄브리아 시대가 거의 41억 년이야.
너무 오래돼서 이 시기에 대해서는 아는 게 거의 없지. 우리가 알고 있는 것은
고생대 이후 약 5억 년 동안에 대해서만, 그것도 아주 어렴풋이 알고 있을 뿐이야.

1차 대멸종은 4억 4500만 년 전 일어났어.

이때 생물의 80%가 멸종했다고 해.

2차 대멸종은 3억 7000만 년~3억 6000만 년 전

약 1000만 년 동안 서서히 일어났어.

이 기간에 70%의 생물이 멸종했대.

3차 대멸종은 2억 5100만 년 전 일어났는데,

지구 역사상 가장 피해가 큰 대멸종이었다고 보고 있어.

1, 2차 대멸종을 이겨 낸 삼엽충이 멸종한 것도 이때였어.

4차 대멸종은 2억 500만 년 전,

중생대 트라이아스기 말에 일어났어.

이때 예전에 살았던 많은 파충류가 멸종하고 드디어

공룡, 익룡, 악어의 시대가 됐어.

이런 대멸종은 왜 일어났을까?

과학자들은 그 이유를 크게 두 가지로 보고 있어.

하나는 **지구에 일어난 지질 활동과 기후변화 때문**이라는 거야.

지구는 처음부터 지금과 같은 모습이 아니었어.

지구가 지금과 같은 모습이 된 건 끊임없는 지각 운동과

그로 인한 지진과 화산 폭발의 결과라고 봐야 해.

그런데 지진이나 화산 활동 등은 지구 기후에 엄청난 영향을 끼쳐.
3차 대멸종의 경우 100만 년 동안 화산이 폭발하고
화산재가 분출하면서 이산화탄소가 뿜어져 나와
온실효과가 발생해서 지구 온도가 급격히 높아졌다고 하지.
4차 대멸종 역시 화산 활동이 원인이라고 보고 있어.

또 하나는 지구 바깥에서 일어난 현상이 지구에 영향을 주었다는 거야.
거대 운석 때문에 공룡이 멸종한 5차 대멸종처럼 말이야.
1차와 2차 대멸종 역시 감마선이나 초신성 폭발의 영향으로
지구의 기온이 급격하게 하강하면서
수많은 생물이 멸종했다고 보는 과학자들도 있어.
초신성은 별의 수명이 끝날 때 발생하는 거대한 폭발이야.
이때 엄청난 양의 빛과 방사선이 방출되는데,
지구에서 50~100광년 거리에서 초신성이 폭발해도
지구에 해로운 방사선이 쏟아져 오존층이 파괴되고
생물과 생태계에 큰 피해를 일으키게 돼.
감마선 폭발은 초신성이나 중성자별의 충돌로 발생하는데,
비교적 가까운 거리에서 지구로 향하는 감마선 역시
지구 대기와 생명체에 치명적인 영향을 미칠 수 있지.

과학자들은 더 많은 대멸종이 있었다고 보고 있어. 앞으로도 대멸종은 또 일어날 수 있다고 하지. 지진이나 화산 폭발 같은 지각 운동은 지금도 활발하게 일어나고 지구는 우주에서 '창백한 푸른 점'일 뿐이니까.

> 대멸종이 또 일어난다면, 우리는 공룡과 같은 운명이 될 거야.

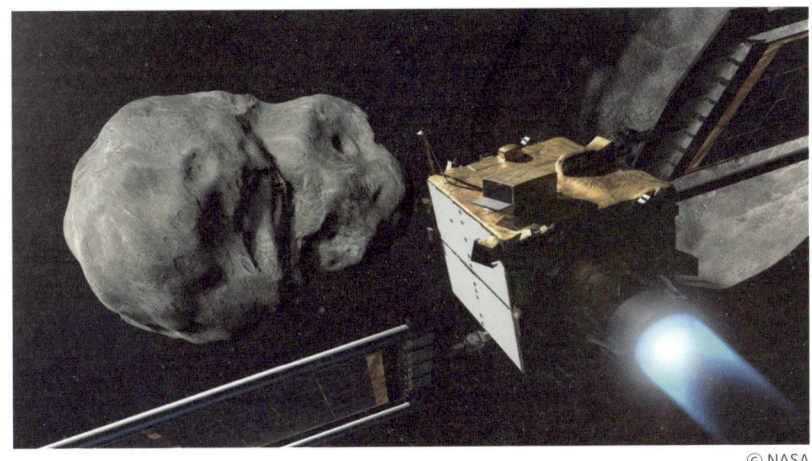

ⓒ NASA

DART(이중소행성방향전환시험) 상상 이미지

초신성과 감마선 폭발 외에도 소행성이나 혜성 충돌, 은하우주선, 블랙홀 등 지구에 위기를 초래할 만한 우주 현상들은 많아. 과학자들은 이에 대비해서, 우주를 관찰하고 또 문제 해결 방법을 찾고 있지. 소행성을 타격해 방향을 바꿀 수 있는지를 실험하기 위해 쏘아 올렸던 탐사선 DART(Double Asteroid Redirection Test)도 그런 노력의 하나라고 할 수 있어.

그나마 다행인 건, 대멸종은 서서히 진행된다는 거야.

수십, 수백만 년에 걸쳐 일어나고

심지어 천만 년에 걸쳐 일어나기도 해.

이 기간은 지구의 역사에서는 눈 깜짝할 사이이지만

우리 인간의 시간으로는 아주아주 오랜 기간이야!

우리가 살 방법을 찾기에 충분할 수도 있는 기간이지.

그렇다면 ==우리가 살아남을 방법==은 뭘까?

소행성, 혜성, 초신성, 감마선 등이

지구를 위협할 수 있는지 항상 감시하는 거야.

그래서 과학자들이 ==우주를 관찰==하기 위해

우주로 망원경을 쏘아 올리는 거야.

지구를 향해 날아오는 소행성은 없는지

지구 주변에서 폭발하는 초신성은 없는지를 찾기 위해서.

그래서 ==탐사선을 달로, 화성으로 또 더 먼 우주==로 보내는 거야.

지구처럼 사람이 살 수 있는 곳이 있나 찾기 위해,

당장은 살 수 없어도 살 수 있도록 바꿀 수 있는 별을 찾기 위해서.

그래야 또다시 대멸종이 시작되었을 때,

지구를 탈출해 새롭게 시작할 수 있잖아.

ⓒ Mario Hoppmann

또 다른 지구 대멸종을 불러올 기후변화
인간이 지구의 지배자가 되면서, 대멸종 이유가 한 가지 더 늘었어.
우리가 일으킨 환경오염으로 인한 기후변화 때문에 대멸종이 일어날 수 있다는 거야.
지금처럼 간다면 지구온난화로 많은 생물이 사라질 거야.
특히 영구동토층이 녹기 시작하면 해수면이 몇 미터 이상 높아지는 등 큰 위기가 닥칠 거야.
그러면 우리는 정말 지구를 떠나야 할지도 몰라.

또 우리가 끝임없이 쓰고 버리는 탓에

에너지, 광물 등 자원도 고갈되고 있어.

특히 에너지 자원의 고갈은 심각한데

태양, 풍력 등과 같은 신재생에너지의 획기적인 발전이 없다면

지구의 에너지는 100년 안에 거의 바닥이 날 거야.

에너지를 채굴할 수 있는 기간

아직까지 우리의 주된 에너지원은 석유, 석탄, 천연가스와 같은 화석 연료야.
이런 화석 연료는 지구온난화의 주범일 뿐만 아니라, 쓸 수 있는 양도 얼마 남지 않았어.
원자력 발전의 원료인 우라늄 역시 재처리를 하지 못하면 100년도 쓰지 못해.

하지만 우주로 나가면 자원 문제도 해결할 수 있어!

우주에서 얻을 수 있는 대표적인 자원이 헬륨-3이야.

헬륨-3은 핵융합 발전의 연료로 사용될 수 있는

잠재력을 지니고 있잖아?

게다가 헬륨-3은 그 어떤 자원보다도 방사성 폐기물을

최소화하면서 상당한 양의 에너지를 생산할 수 있어.

청정하면서도 효율이 높은 에너지원인 거지.

이 헬륨-3이 달에 100~500만 톤 있을 것으로 보고 있는데
이는 전 세계인이 500년 동안 쓸 수 있는 양이야.
우주에서는 에너지원뿐만 아니라
전자 제품, 항공우주 분야에서 필수적으로 쓰이는
희토류 금속, 철, 니켈, 코발트와 같은 산업 자원은 물론
백금, 금과 같은 귀금속도 찾을 수 있을 것으로 보고 있어.
달과 화성, 그 밖의 행성과 소행성 등 우주를 탐사하는 것은
바로 이런 자원을 찾기 위함이기도 한 거야.

우주 탐사는 지구에
대멸종 위기가 닥쳤을 때를 대비해
인류를 구할 방법을 찾고,
지구의 자원고갈 문제를 해결하기 위한
인류 생존을 위한 탐사네.

`Check it up 2` 과학

과학 발전을 이끈 우주 탐사

과학은 사물의 현상에 관한 보편적 원리, 법칙 등을 알아내고 해명하는 것을 목적으로 하는 지식 체계나 학문을 말해.
물속에 오래 들어가 있으면 손가락이 쭈글쭈글해지는 현상을 삼투압의 원리를 통해 설명하는 게 과학이야.
바람이 부는 까닭이 기체의 온도 차이 때문에 발생하는 대류 현상의 하나라고 해명하는 게 과학이지.

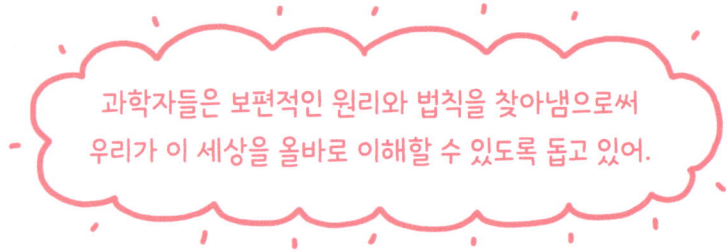

과학자들은 보편적인 원리와 법칙을 찾아냄으로써 우리가 이 세상을 올바로 이해할 수 있도록 돕고 있어.

갈릴레이(1564~1642)의 예를 들어 볼까?

갈릴레이가 살던 시기, 사람들은 지구가 우주의 중심이고 모든 천체가 지구를 중심으로 돈다는 천동설을 믿었지.

하지만 갈릴레이는 자기가 개발한 망원경을 통해 목성에도 달이 있어서 목성 주위를 돈다는 것을 발견했어.

게다가 금성이 달처럼

반달, 초승달, 보름달, 그믐달 모양으로 바뀌는 거야.

그건 금성도 달처럼 태양 뒤쪽에 위치할 수 있다,

즉 태양 주위를 돈다는 거지!

갈릴레이는 이런 발견과 연구를 통해

천동설을 비판하며 지동설을 주장할 수 있었어.

갈릴레이는 망원경으로 ==천체 관측==을 가장 먼저 시작한 과학자고,
==천체 관측은 우주 탐사의 가장 기본 단계==야.
그리고 갈릴레이 이후 과학자들은 천체 관측을 통해
우주가 팽창하고 있고 우리은하 밖에도 은하가 있음을 알아냈어.
또 별이 탄생하고 성장하고 죽는다는 걸 깨달았지.
지구가, 태양이, 또 다른 천체들이
어떤 궤도를 어떤 속도로 움직이는 것도 계산해 냈어.
==천문학, 천체물리학이 본격적으로 발전==한 거야.

그 덕에 인공위성과 우주선, 탐사선을 쏘아 올릴 수 있었어.
생각해 봐. 수성이나 금성, 화성과 목성 들이
어떤 궤도로 어떻게, 얼마나 빠르게 움직이는지 모르는데
어떻게 탐사선을 쏘아 올릴 수 있겠어!

> 천체 관측은 우주 탐사의 시작이자
> 더 먼 우주로 나아가는 길잡이였던 거야.

인류가 우주로 나간 뒤에도

우주 탐사는 과학의 발전에 큰 기여를 했지.

우주 탐사를 통해 아인슈타인(1879~1955)의 일반 상대성 이론도

확인할 수 있었어.

일반 상대성 이론은 **중력 이론**이라고도 하는데,

이 이론의 핵심 주장 가운데

측지학적 효과와 좌표계 이끌림 현상이 있어.

측지학적 효과는 중력을 가진 물체에 의해

시공간이 왜곡되는 걸 말해.

좌표계 이끌림 현상은 회전하는 물체가 시공간을

끌어당기는 현상이지.

아인슈타인은 이를 주장하긴 했지만, 제대로 보여 줄 수는 없었어.

그런데 2004년 나사가 이를 보여 주는 실험을 시작해.
아인슈타인의 일반 상대성 이론을 정밀하게 확인한 거야.
이로써 우리는 중력에 대해 더 깊이 이해할 수 있게 되었어.
==우주 탐사가 물리학 발전에 큰 기여==를 한 거지.

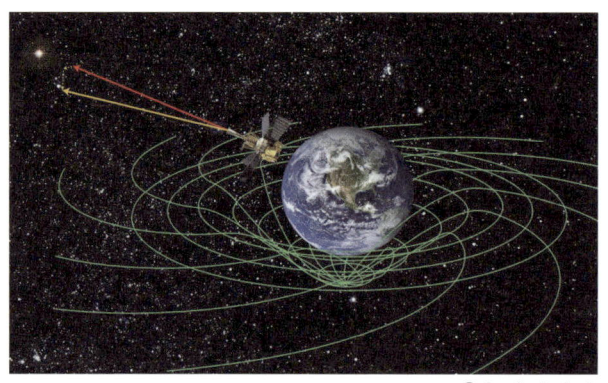
ⓒ Gravity Probe B

우주에서 실험 중인 중력 탐사선 B
중력 탐사선 B의 실험으로 측지학적 효과와 좌표계 이끌림 현상이
실제로 일어나는 것을 전례 없는 정밀도로 확인할 수 있었어.

우주 탐사는 물리학뿐만 아니라, 모든 과학 분야에 도움을 줘.
우주에서 지구를 내려다보고 기후나 지질 활동을 관찰함으로써
==기상학, 지질학, 해양학== 등 지구 과학 여러 분야의 발전에 기여하고,
우주 물질과 생명체 탐사 프로젝트를 통해
==화학과 생물학 분야의 발전에도 큰 도움==을 주지.

우주 탐사는 기술의 발전에도 큰 기여를 하고 있어.

우주정거장이 고장 나면 우주정거장 밖으로 나가
우주정거장을 수리해야 해.
이때 우주인이 직접 밖으로 나가 우주선을 손보기도 하지만
로봇팔을 이용한 수리가 늘어나고 있어.
화성으로 간 탐사선에는 로봇을 탑재하기도 했지.
화성이 너무 멀고 환경도 척박해서 인간 대신 로봇을 보낸 거야.

ⓒ NASA

우주에서 작업 중인 로봇팔
Dextre라고도 알려진 로봇손을 갖춘 Canadarm2 로봇팔이
국제 우주정거장에서 작업 중이야.

이렇게 **우주 탐사를 위해 로봇을 만들면서
로봇 기술도 엄청나게 발전할 수 있었어.**
그 결과 로봇 기술은 우주에서만이 아니라,
우리 주변에서도 널리 쓰일 수 있게 되었어.

우주 탐사는 신소재 연구에도 큰 영향을 끼쳐.
우주 탐사를 위해서는 강렬한 방사선, 진공, 극한의 온도 등
우주의 극한 조건을 견딜 수 있는 신소재를 개발해야 해.
그래서 우주선을 위해 단열 기술이 개발되고
달이나 화성에 기지를 건설하는 데 필요한
가벼우면서도 단단한 신소재도 개발하고 있지.
이런 소재를 응용해, 지구에서 사용할 수 있는
여러 제품도 발명되고 있어.

© NASA

얼어붙은 연기, 에어로젤

에어로젤은 단열재와 우주먼지 입자 포집용으로 우주 임무에 사용되던 물질이야. 가벼운 무게와 외관 때문에 '얼어붙은 연기'라는 별명이 붙었지. 에어로젤의 뛰어난 단열 특성은 최소한의 부피로 뛰어난 단열 효과를 제공해. 그래서 화성과 같은 우주에서 필요한 건축 재료일 뿐만 아니라, 지구에서도 필요해. 에너지 절감 효과를 거둘 수 있으니까. 우주 탐사는 에너지 절감 기술 발전에도 도움이 되는 거야.

우주 탐사로 발전되는 기술 가운데 빠질 수 없는 게 통신 기술이야.
우주에서 원활하게 통신하기 위해 위성 통신 기술을 발전시켰고,
그 덕분에 우리가 언제 어디서나 올림픽, 월드컵 등을
실시간으로, 그것도 선명한 화면을 통해 볼 수 있는 거야.
위치 확인 시스템GPS을 이용해
어디든 내비게이션의 안내를 받으며 갈 수 있지.
심우주와의 통신을 위해서 신호 처리 기술도 발전시켜야 했는데,
그 덕분에 노이즈 감소 및 데이터 압축 기술이 개선됐고,
이러한 발전은 휴대폰 네트워크와 데이터 전송 기술에
직접 적용됐어.

우주 탐사는 의학의 발전에도 도움을 주고 있어.

앞에서 우주정거장에서 우주인들의 골밀도 변화를 살피며

미세 중력이 인체에 미치는 영향을 알게 됐다고 했지.

이렇게 알게 된 지식을 바탕으로,

과학자들은 골밀도를 유지하는 데 도움을 주는 약품을 개발하지.

이 약품은 골밀도가 낮아져 고통 받고 있는 노인들을 위한

유용한 치료제를 만드는 데 큰 도움이 돼.

전혀 관련이 없을 것 같은
우주 탐사와 의학이
이렇게 연관을 갖게 되네!
우주 탐사로 인한 과학과 기술 발전이
생각보다 훨씬 폭넓은 범위에서
일어나는구나!

> Check it up 3   철학

아주 오래된 질문들

인간은 정말 특별한 동물인 것 같아.

통통 튀는 공을 보면, 강아지도 고양이도 호기심을 보이며 달려와.

인간의 아기도 마찬가지지.

그런데 강아지와 고양이 같은 동물은

세월이 가도 오직 호기심만 보여.

통통 튀는 공을 보면 새끼나 어미나 '저게 뭐지?' 하는 표정으로

달려올 뿐이야. 하지만 인간은 달라.

처음엔 호기심만 보이지만, 점점 질문을 하기 시작하지.

"왜 저러지?"

더 나아가 어떤 인간은 그 답을 찾기 위해 노력해.

이런 인간의 호기심과 그에 대한 답을 찾기 위한 노력 덕분에
학문이 탄생했어. 대략 3000~4000년 전쯤으로
데모크리토스, 탈레스, 아리스토텔레스와 같은 그리스의
자연철학자들이 등장하면서지.
그 뒤 자연철학은 크게 과학과 철학으로 분리되었고,
과학은 인간들의 호기심에 대한 해답을 내놓기 시작했어.
과학적 발견과 발명을 통해서 말이야.

| 낮과 밤은 왜 생기지? |  | 지구가 하루에 한 번 자전하기 때문이지. |

| 계절은 왜 생길까? |  | 지구가 비딱하게 기울어진 채, 태양 주위를 공전하기 때문이야. |

| 물질을 계속 쪼개면 어떻게 될까? |  | 더 이상 쪼개질 수 없는 알갱이가 돼. |

| 물은 왜 아래로 흐르지? |  | 지구의 중력이 지구 표면의 모든 것을 지구 중심으로 끌어당기니까. |

| 아기는 어떻게 생겨? |  | 남성의 정자와 여성의 난자가 만나 수정된 다음, 세포 분열이 일어나고……. |

그런데 몇 천년 전의 지난 질문인데도,

아직도 명쾌한 해답을 내놓지 못하는 것들이 있어.

신은 존재해?	인간은 어떤 존재일까?
세상은 어떻게 탄생했어?	사람은 죽으면 어떻게 될까?

이런 문제들은 사람마다 의견이 달라.

신이 모든 걸 창조했다고 믿는 이들이 있는 반면,

빅뱅과 진화가 이 세상을 만들었다고 주장하는 이들도 있잖아.

사람이 죽으면 어떻게 될까라는 질문에 대한 답 역시 마찬가지지.

죽은 뒤 다른 세상이 있다고 하는 이들도 있고,

죽으면 흙으로 돌아간다고 여기는 이들도 있어.

그래서 이런 오래된 질문들은 과학적인 질문인 것 같은데도

철학의 영역에서도 탐구되고 있어.

> 우주 탐사는 이 오래된 질문들에 대한 해답을 줄 수 있어.

은하와 별을 연구하고, 그 속에서 생명체의 존재를 찾아낸다면
이 세상과 생명체가 어떻게 탄생했는지 밝힐 수 있잖아!
그렇다면 신이 세상과 인간을 창조했는지의 여부도 알 수 있지.
이 세상과 인간이란 존재의 참모습을 제대로 알게 되는 거야.
이렇게 보면 우주 탐사는 우리 스스로에 대해 알아가기 위한 여정이고 세계를 정확하게 이해하기 위한 노력이라고 봐야 하지 않을까?

창백한 푸른 점을 통해 우리는 지구가, 아니 우리가 티끌에 지나지
않음을 깨닫게 됐어. 그로부터 '겸손'을 배울 수 있었지.
그런데 우주가 어떻게 탄생했는지 제대로 알고 있는 티끌이라면
또 스스로 어떤 존재인지 정확하게 알고 있는 티끌이라면
자부심을 가질 수 있지 않을까?
그리고 그런 자부심을 가진 티끌이라면,
자신의 존재가 결코
외롭거나 허무하다거나 부질없다는 생각은 하지 않을 거야.

우주 탐사는 우리를 겸손하면서도
자부심을 가진 존재로 만들어 주는 거야!

Another Round

우리는 Next Level!

이 책을 보고 우주 탐사에 대해 어떤 시각을 갖게 됐는지 그래픽 오거나이저 Graphic Organizer로 표현해 보자!

우주 탐사는 어떻게 진행되었다고 생각해?
기준을 세우고, 우주 탐사의 역사를 3단계로 나눠 봐.

기준:

3단계 :

2단계 :

1단계 :

우주 탐사를 이끄는 기관의
리더가 되었다고 상상해 봐.
아래 분야에서 어떻게 예산을 배정하면,
우주 탐사에 더 효과적일까?

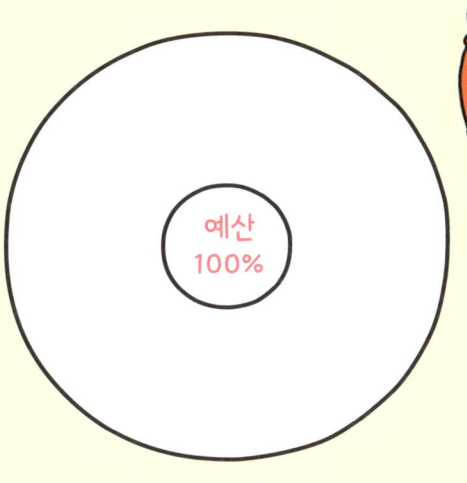

1. 우주정거장
2. 달 탐사
3. 화성 탐사
4. 심우주 탐사
5. 우주망원경 개발
6. 로켓/우주선 개발
7. 우주인 훈련

보이저 1호처럼 심우주로 떠나는 탐사선에 실을 골든 레코드를 만들려고 해.
넣고 싶은 세 가지만 떠올려 봐.

글 이정모·최향숙 그림 젠틀멜로우

초판 1쇄 펴낸 날 2024년 5월 10일 **초판 4쇄 펴낸 날** 2025년 4월 21일
기획 CASA LIBRO **편집장** 한해숙 **편집** 신경아 **디자인 포맷** 최성수, 이이환 **디자인** 퍼플페이퍼
마케팅 박영준 **홍보** 정보영 **경영지원** 김효순
펴낸이 조은희 **펴낸곳** ㈜한솔수북 **출판등록** 제2013-000276호
주소 03996 서울시 마포구 월드컵로 96 영훈빌딩 5층
전화 02-2001-5822(편집), 02-2001-5828(영업) **전송** 02-2060-0108
전자우편 isoobook@eduhansol.co.kr **블로그** blog.naver.com/hsoobook
인스타그램 soobook2 **페이스북** soobook2
ISBN 979-11-93494-47-9, 979-11-93494-29-5(세트)

어린이제품안전특별법에 의한 제품 표시
품명 도서 | 사용연령 만 7세 이상 | 제조국 대한민국 | 제조사명 ㈜한솔수북 | 제조년월 2025년 4월

ⓒ 2024 이정모·최향숙·젠틀멜로우·CASA LIBRO

⁕저작권법으로 보호받는 저작물이므로 저작권자의 서면 동의 없이
 다른 곳에 옮겨 싣거나 베껴 쓸 수 없으며 전산장치에 저장할 수 없습니다.
⁕값은 뒤표지에 있습니다.

큐알 코드를 찍어서
독자 참여 신청을 하시면
선물을 보내 드립니다.

한솔수북의 모든 책은
아이의 눈, 엄마의 마음으로 만듭니다.

야무진 10대를 위한 미래 가이드
넥스트 레벨은 계속됩니다.

❶ **인공지능**
조성배·최향숙 지음

❷ **메타버스**
원종우·최향숙 지음

❸ **우주 탐사**
이정모·최향숙 지음

❹ **자율 주행**
서승우·최향숙 지음

❺ **로봇**
한재권·최향숙 지음

❻ **기후위기와 에너지**
곽지혜·최향숙 지음

❼ **팬데믹과 백신 전쟁**
김응빈·최향숙 지음

❽ **생명공학**
김무웅·최향숙 지음

❾ **뇌과학** (근간)
홍석준·최향숙 지음

❿ **과학 혁명** (근간)
남영·최향숙 지음